Wer zwei Paar Hosen hat,
mache eins zu Geld
und schaffe sich dieses Buch an

Versuche zur neuen Aufklärung

Gerd Maas

Inspiriert von und ausstaffiert mit
Aphorismen des Georg Christoph Lichtenberg

Ich habe wohl hundertmal bemerkt und zweifle nicht, dass viele meiner Leser hundertundein- oder -zweimal bemerkt haben mögen, dass Bücher mit einem sehr einnehmenden, gut erfundenen Titel selten etwas taugen. Vermutlich ist er vor dem Buche selbst erfunden, vielleicht oft von einem anderen.

[Georg Christoph Lichtenberg, undatiert]

Wer zwei Paar Hosen hat, mache eins zu Geld und schaffe sich dieses Buch an.

[Georg Christoph Lichtenberg, 1775-1776]

Gerd Maas wurde 1967 im mittelfränkischen Weißenburg geboren, studierte Betriebswirtschaft in Passau und lebt heute nach ein paar Stationen in München und Umgebung mit seiner Frau und den beiden Kindern in der Gemeinde Söchtenau im Landkreis Rosenheim. Zeitlebens selbständig unterwegs, führt er seit 2002 den kleinen Familienbetrieb für Dienstleistungen in Projektmanagement, Kommunikation und Logistik. Als Publizist engagiert sich Maas seit vielen Jahren für eine nachhaltige Wirtschafts- und Gesellschaftsordnung. 2009 erschien sein Buch *Dekadenz. Und wider die Dekadenz: Eine neue Anstrengung für Deutschland.*
Seit 2010 gibt es auf www.gerd-maas.de den Blog *Neues aus Absurdistan* mit laufend aktuellen Beiträgen.

Für meine Familie.

Bibliografische Information der Deutschen Nationalbibliothek: Die Deutsche Nationalbibliothek verzeichnet diese Publikation in der Deutschen Nationalbiografie; detaillierte bibliografische Daten sind im Internet über www.dnb.de abrufbar.

Fotos Titelbild & Daumenkino: Torben Jensen

Buch- und Titelgestaltung: Heike & Gerd Maas

Herstellung und Verlag: BoD – Books on Demand, Norderstedt
ISBN 978-3-8482-5275-6

*Vermischte Einfälle, verdaut und unverdaute Begebenheiten,
die mich besonders angehen.*
[Georg Christoph Lichtenberg, 1. Januar 1789]

[Anmerkung zu den Texten: Zitate wurden, sofern dadurch keine maßgeblichen Verfremdungen entstanden sind, der neuen deutschen Rechtschreibung angepasst. Die Zeichensetzung wurde nicht verändert.]

Gedanken über Tun
und Schwätzen

Gedanken über Tun und Schwätzen schrieb Georg Christoph Lichtenberg zu Beginn eines seiner Notizhefte [1775–1776]. Eine kurze Zeile, vielleicht nicht mehr als der Ausdruck der gepflegten Selbstironie des Autors, eine Variation vom dem, wie er seine Notizsammlungen zu nennen pflegte: Sudelbücher. Man darf aber bei Lichtenberg in solcher Ironie stets auch Hintersinn vermuten. Und so lassen sich die paar Worte vielleicht als so etwas wie ein hochverdichtetes Motto eines ganzen Zeitalters lesen, als Überschrift jener Epoche, die wir heute gemeinhin *Die Aufklärung* nennen (das *die* meist gerade so verwendet, als hätten wir alles Aufklärungsbedürftige im 18. Jahrhundert hinreichend abgefertigt). *Gedanken über Tun und Schwätzen* bezeichnete demnach so ungefähr das Wirken der Vernunft im weiten Feld zwischen dem, sein Leben zu leben, und allem, was es so über Gott und die Welt zu überlegen und zu sagen gibt. Lichtenberg wusste nun seinerzeit nicht, dass er epochale Beiträge verfasste. Es hätte ihm aber wahrscheinlich recht gut ins Konzept gepasst, wenn wir sein Zeitalter heute ganz ohne vergeistigte Schwere als die Ära der *Gedanken über Tun und Schwätzen* bezeichnen würden.

In der Aufklärung sollte die Philosophie praktisch werden. Das heißt, selbst denken, sich mit anderen über das Gedachte auseinandersetzen und schließlich nach dem, was man dann für richtig hält, handeln. Denken, reden, machen. Gedacht, gesagt, getan. Immanuel Kant hat das wenig später, 1783, *Habe Mut, dich deines eigenen Verstandes zu bedienen!* genannt und dafür den *Ausgang des Menschen aus seiner selbst verschuldeten Unmündigkeit* versprochen. Das wurde schon vielfach bemüht, gehört aber trotzdem einmal mehr auch hierher. Die Kantsche Definition der Aufklärung ist heute noch so populär, weil sie der Sache nicht nur im Gedanken, sondern auch in der Formulierung gerecht wird, dass eben große Philosophie praktisch werden kann (was sich mir, wenn ich ansonsten versuche, Kant zu lesen, nicht immer so aufdrängt).

Dass Lichtenberg nicht redete, sich auseinandersetzte oder debattierte, sondern schwätzte, war vermutlich seiner augenzwinkernden sokratischen Bescheidenheit gezollt: Er wusste, dass man sich in einem unendlichen Raum von Erkenntnismöglichkeiten der Wahrheit nur nähern kann, ohne je zu wissen wie nahe man ihr tatsächlich gekommen ist. Und wie sehr man auch mit offenen Sinnen und vernünftiger Betrachtungsweise durch die Welt geht, findet man doch nur seine eigene Wissenschaft. Und selbst wenn solches Wissen von vielen Klugen bezeugt wird, erleben wir ja doch, dass es deswegen noch lange nicht davor bewahrt ist, eines Tages auf den Kopf gestellt zu werden. So mancher große Disput wird derart vom Lauf der Geschichte zum Schwätzchen degradiert.

Frei nach Sokrates ist es allemal lebensklüger, sich über die eigenen Wissenslücken im Klaren zu sein, als sich auf sein Kennen und Können allzu viel einzubilden. Das war und ist allerdings gewiss nicht als Freibrief gemeint, sein Leben nur noch vis-à-vis mit RTL II zu verbringen. Das heißt nicht, dumm bleibt dumm, da helfen keine Pillen, was soll ich mich also anstrengen. Ich weiß, dass ich nichts weiß, muss man sich erst einmal erdacht haben. Es geht nicht um das Ob, sondern um das Wie auf der Suche nach Wissen. Eine gewisse Skepsis ist da genauso gefragt, wie die Tugend, sich selbst nicht immer ganz so wichtig zu nehmen.

Werteverlust?

In diesem Sinne will ich nun auch die Lichtenbergschen *Gedanken über Tun und Schwätzen* nicht weiter durch Auslegungen strapazieren. Zumal mich das Philosophieren darüber zusehends vom beabsichtigten Gedankenfluss abdriften lässt. Die Philosophie soll ja eben nicht um den heißen Brei herumreden, sondern praktisch werden. Die Erneuerung eben dieser Idee der Aufklärung scheint mir für das Hier und Heute von ganz erheblicher Bedeutung. Konkret bewusst wurde mir das in den letzten zwei, drei Jahren bei den obligatorischen Diskussionen nach Lesungen aus meinem 2009 erschienenen Buch *Dekadenz. Und wider die Dekadenz: Eine neue Anstrengung für Deutschland*. In aller Kürze ging es bei diesen Referaten darum, dass wir Bürger der frühindustrialisierten Nationen aus Trägheit die Zukunft aus den Augen verlieren. Zunehmende Bequemlichkeit lenkt davon ab, dass Zukunft nicht von selbst entsteht, sondern geschaffen werden will. Und da eine Gesellschaft nur von der Teilhabe ihrer Gesellschafter lebt, können nur wir selbst Träger dieses Zukunftschaffens sein. Wer auch sonst? Maßlosigkeit, Konsumsucht, Müßiggang und Verweichlichung sind meine Indikatoren. Beziehungsweise beklage ich umgekehrt den wachsenden Verlust von Verantwortungsbewusstsein, den fehlenden Willen zur mündigen Selbstbestimmtheit und die schwindende Leistungsbereitschaft. Insgesamt fürchte ich also, dass wir das rechte Augenmaß verloren haben, unser Verhalten auf das gedeihliche Fortbestehen eines Gemeinwesens auszurichten.

Bei manchem Widerspruch im Detail, jedoch relativ unabhängig von der politischen Grundfärbung – extreme Haltungen ausgenommen –, stimmten die Zuhörer meinen Schlussfolgerungen jedes Mal im

Großen und Ganzen zu (dahingestellt sei an dieser Stelle, ob das vorrangig von der Schlüssigkeit meiner Überlegungen herrührte oder weil ich die Erwartungen derer bestätigte, die den Weg zu meinen Vorträgen gefunden hatten – ich hoffe ein wenig von beidem). Und dann tauchte in den Diskussionen regelmäßig ein Wort auf: Werteverlust. Anfangs dachte ich mir da, bravo, genau darum geht es mir: Die rechte Moral ist verlorengegangen. Die Inflation aber der geführten Werteverlust-Klagen auch andernorts ohne ein Zeichen, dass dadurch irgendwelche Veränderungen angestoßen worden wären, ließen mich nach und nach zweifeln, ob der Werteverlust wirklich schon des Pudels Kern sei. Denn an Werten an sich mangelt es ja eigentlich gar nicht. Und es erinnert sich eigentlich auch noch jedermann an diese Werte; sie sind also alles andere als verloren. Und es besteht auch Konsens, dass diese Werte gut sind: die Tugendhaftigkeit zum Beispiel als Mittel zwischen Mangel und Übermaß der Charaktereigenschaften der menschlichen Tüchtigkeit beim antiken Aristoteles, das Gebot der Nächstenliebe im jüdischen und christlichen Glauben, die Deklaration der Menschen-

rechte in demokratischen Verfassungen mit der Un-
antastbarkeit der Würde des Menschen, die Ideale
der Französischen Revolution Freiheit, Gleichheit,
Brüderlichkeit oder Kants kategorischer Imperativ,
stets nach der Maxime zu handeln, die man auch als
ein allgemein gültiges Gesetz akzeptieren würde —
alles bekannte und in unserem Kulturkreis fraglos
anerkannte Werteordnungen. Alles zusammen in
Luthers Übersetzung von Tobias 4, Vers 16 einmalig
konzentriert: *Was du nicht willst, dass man dir tu, das füg
auch keinem andern zu.* Das kennt wohl wirklich jeder.
Und sollte es tatsächlich jemand nicht mehr so ganz
Wort für Wort auf die Reihe bekommen, wird er
doch sinngemäß eine Ahnung davon haben. Man
kann nämlich sogar noch einen Schritt weiter gehen:
*Formulieren weise Männer jemals etwas Neues, oder liegt ihre
Stärke lediglich darin, neu zu formulieren, was jeder weiß?*,
notierte der Verhaltensforscher Frans de Waal 2009
in *Das Prinzip Empathie* und beschrieb den menschlichen Altruismus innerhalb seiner Sippe oder besser
seinen aufgeklärten Egoismus als evolutionäre Prägung, die den Menschen als Gesellschaftswesen

überleben und gedeihen hat lassen. Die Bergpredigt als biologisch implantierter Evolutionsvorsprung.

Nährboden der Aufklärung

Die Werte an sich sind also ganz offenbar nicht verlorengegangen. Was aber dann? – *In der Aufklärung sollte die Philosophie praktisch werden!* Egal wie tief unsere Wertegenese nun tatsächlich gründet, im 18. Jahrhundert war eigentlich auch schon alles Wissenswerte gedacht und festgehalten. Theoretisch. Aber nicht praktisch. Die gegebene einheitliche Wertegrundierung entfaltete sich nicht bei allen gleichermaßen im täglichen Tun und Handeln. Fürst und Bauer verstanden sich den gleichen zehn Geboten verpflichtet, was die einen aber keineswegs daran hinderte, die anderen zu unterjochen, auszubeuten, zu betrügen, zu bestehlen, vielleicht sogar sterben zu lassen oder es jedenfalls mit ihren Töchtern zu treiben, ohne für die Folgen die Verantwortung zu übernehmen. Deswegen mussten die Aufklärer keine neue Philosophie erfinden, sondern sie haben nach Wegen gesucht,

wie sie den gegebenen Werten zu ihrem Recht ver-
helfen könnten.

Der Nährboden der Aufklärung im 18. Jahrhundert
war der Missbrauch von Autorität durch Klerus und
Adel. Die Abhängigkeit der Untertanen zusammen
mit der Leichtgläubigkeit und der Obrigkeitshörig-
keit der Menschen hatte die Mächtigen verleitet. Die
Versuchung auszubeuten war so groß, weil es so
einfach war. Wer strebt schon nach Heiligkeit, wenn
Scheinheiligkeit reicht? Wenn Worte als Naturgesetz
aufgefasst werden, nur weil sie aus dem Mund eines
Fürsten oder Pfaffen stammen, halten die sich
schnell selbst für unfehlbar. Und dass unter gefühlter
Unfehlbarkeit leicht die Tugendhaftigkeit leidet, je
überragender desto unmoralischer, hat Lord Acton
1887 unnachahmlich auf den Punkt gebracht: *Macht
korrumpiert, absolute Macht korrumpiert absolut.* Das
Schmiermittel des praktischen Werteverlustes damals
war das Fehlen einer mitdenkenden, einer kritischen
Öffentlichkeit.

Nimmt man heute zum Beispiel die abnehmenden Mitgliederzahlen in Parteien und in gesellschaftlich engagierten Verbänden und Vereinen oder die rapide schrumpfenden Wahlbeteiligungen, die Boulevardisierung der Medien und die Trivialisierung der im Internet dokumentierten Kommunikation, dann steht zu fürchten, dass ganz ähnliche Voraussetzungen vorliegen. Genau genommen ist die Ausgangslage sogar noch viel trauriger: Während im 18. Jahrhundert die Einfalt und die Unbedarftheit noch oft der schlichten Notwendigkeit, sich um vitalere Belange kümmern zu müssen, geschuldet war, lässt sich das zu Zeiten eines global und historisch einzigartigen Wohlstandes bei uns hier und heute beim besten Willen nicht als Entschuldigung anführen. Bei durchschnittlich in Deutschland nur knapp siebeneinhalb Stunden Beanspruchung durch Erwerbs- und Hausarbeit täglich – einschließlich Aus- und Weiterbildung – wäre mehr als ausreichend Zeit, sich um das Entkommen aus der selbst verschuldeten Unmündigkeit zu kümmern. Mit vier, fünf Stunden täglich Fernsehverblödungsberieselung gelingt das allerdings eher schlecht. Genauso wenig wie bei der realen Fortsetzung der Fernsehwelten in Fußballstadien und am Ballermann, samt den entsprechenden lokalen Kleinformatkopien. Auch im kasperlbunten Freizeitwahn der Walker, Blader, Stepper, Spinner, Biker und so weiter findet sich wenig Aufklärerisches. Beim Shoppen auch nicht. Wenn die Anbieter schon immer mehr langlebige Gebrauchsgüter immer schneller überkommenen Modetrends unterwerfen müssen, während etwa Klamotten bereits zu modischen Wegwerfartikeln verkommen, dann ist Verstand per se schädlich. Führt er doch eh nur zum Kater, zu kognitiver Dissonanz nach dem Kaufakt.

Real existierendes Schlaraffenland

Man muss freilich zugeben, dass die Nutznießer der selbst verschuldeten Unmündigkeit heute nicht mehr so einfach zu identifizieren sind. Es fehlt das Feindbild der Revolution. Wenn man sich emanzipieren wollte, müsste man ja wissen, von wem. Die ständischen Hierarchien sind abgeschafft, die Kirchen säkularisiert. So mancher kleptokratische Manager der Finanz- und Großindustrie à la Georg Funke,

Klaus Zumwinkel, Gerhard Gribkowsky, Peter Hartz oder Klaus Esser würde taugen, macht das Kraut aber nicht wirklich fett. Den Politikern wollte man fast allen, gleich welcher Couleur, bei Gelegenheit gerne an den Kragen – nur nicht so lange sie sich die nächsten Amtszeiten immer brav mit reichlich Wahlgeschenken erkaufen. Ganz abgesehen davon, dass sich bei näherem Besehen doch unerwartet viele Politiker finden, die sich zumindest nach bestem Wissen und Gewissen zu bemühen versuchen. Die Arbeitgeber aber, seit ungezählten Tagen imprägniert mit dem Ruf der Ausbeuter, könnten vielleicht als Widersacher herhalten. Allerdings, Arbeit ist da und das Lohnniveau hoch, so hoch, dass wir jemanden, der für sich alleine nach Steuern und Abgaben knapp 1.000 Euro zur Verfügung hat, arm nennen. Man kann heute sein Auskommen haben. Wer beißt also schon die Hand, die einen füttert? Zudem lässt sich bei vielen der dreieinhalb Millionen kleinen und mittelständischen, inhabergeführten Betriebe im Land das mit der Ausbeuterei nicht wirklich mit Überzeugung behaupten.

Wir müssten tatsächlich heute gegen uns selbst aufbegehren. Wir haben die moderne Unmündigkeit nicht selbst verschuldet, sondern wir haben uns in ihr ganz bewusst und recht behaglich eingerichtet. Bequemlichkeit korrumpiert und absolute Bequemlichkeit korrumpiert absolut. Wer wollte im real existierenden Schlaraffenland anders zu denken anfangen? Satt, warm und wohlig eingeflimmert fehlt es doch an nichts, oder? Damit es nicht kitschig wird, pflegt man ein paar um sich selbst drehende Luxus-Wehwehchen nebst passendem Therapiezirkus und jammert ein bisschen über das Schicksal, dass man vom Überfressen dick geworden ist. Mit tiefen Gedanken über Gott und die Welt und entsprechender Tugendhaftigkeit lässt sich da nicht wirklich noch etwas Spürbares hinzugewinnen. Ganz im Gegenteil.

Jeder Moment des Besinnens lässt in der Tat zügig ein schlechtes Gewissen aufkommen. (Das ist, am Rande, die Ursache für die heute gerne beklagte Beschleunigung unseres Lebens: Wir müssen angesichts unseres Lebenswandels das immer häufiger aufflammende schlechte Gewissen immer rascher mit Ablenkungen überlisten.) Jedes Nachdenken offenbart uns bereits nach wenigen Gedankengängen, dass wir gerade so ziemlich alles riskieren, was sich nur riskieren lässt: unser Wirtschaftssystem, weil wir es ohne nennenswerte Gegenwehr dem explodierenden mehrwertlosen Finanzkapitalismus und dem entgrenzten Konzerntotalitarismus ausliefern. Unser demokratisches Regierungssystem, weil wir es einem überbordenden Wohlfahrtsstaat mit einer undurchbrechbaren Verschuldungsspirale opfern. Unsere Nachkommenschaft, indem wir sie entweder erst gar nicht mehr zur Welt bringen oder aber dem Rest die Erziehung verweigern und ihn der zunehmenden Verblödung anheimgeben. Unsere Nahrungsquellen, dadurch dass wir die Böden auslaugen, die Meere überfischen und die Süßwasserreserven rapide dezimieren. Unsere Bodenschätze, weil wir die wachsende Entropie auf einem begrenzten Planeten ignorieren. Unsere Umweltbedingungen, dadurch dass wir die objektiv wachsenden Emissionen unseres bequemen Daseins banalisieren. Schließlich unser Rechtssystem, das wir zur Rechtfertigung von allem Vorstehenden nach Gutdünken biegen und beugen.

Alles Dinge, die wir niemand anderem als uns selbst in die Schuhe schieben können. Alles also Problemstellungen, deren Lösung unersetzbar ein gemeinsames Bewusstsein erfordern. Ein aufgeklärtes Bewusstsein. Nachhaltigkeit, die lebensfreundliche Gestaltung und der langfristige Erhalt des natürlichen, sozialen und ökonomischen Lebensraums, ist das biologische und evolutionäre Fundament unseres Wertesystems. Jenseits aller Mystifizierung oder Intellektualisierung von Werten geht es letztlich um nicht mehr und nicht weniger als Leben und Überleben. Dass Philosophie wieder praktisch werden muss, heißt also, sich auf die lebenserhaltende Moral des Menschseins zu besinnen.

In diesem Sinne gilt es für unsere Zukunft und die Zukunft unserer Kinder und Kindeskinder, ein neues Zeitalter der Aufklärung anzuzetteln. Aufklärung und, nein, nicht Revolution, denn gegen wen wollte man in einer Demokratie revoltieren, gegen uns selbst etwa? Nein, die Revolution in der Demokratie ist die Reform – Veränderung, Lernen, Anpassung.

Die Aufklärung des 21. Jahrhunderts kann nur Selbstaufklärung sein oder scheitern.

Wie kann es uns also selbst gelingen, die Philosophie wieder praktisch werden zu lassen, die anerkannten Werte wieder gebräuchlich zu machen?

I. MORAL STATT SOZIAL

Im Großen beginnend meine ich, dass wir ein heute tragendes politisches Grundmotiv über Bord kippen müssen: die Konzentration auf das Soziale – das alle Regierungsmacht durchwirkende Streben nach sozialer Gerechtigkeit. Sozial zu handeln, heißt zwar, in einem hehren Sinne sich als Gemeinwesen am Bewusstsein des Menschseins zu orientieren, aber es sagt nichts darüber aus, wie das gehen soll. Von welchen Gerechtigkeiten reden wir da? Was ist soziale Gerechtigkeit? Welche Gerechtigkeit ist sozial? Ist es zum Beispiel Leistungs-, Leistungsfähigkeits-, Chancen- oder Generationengerechtigkeit? Auch das Recht des Stärkeren wäre ein durchaus funktionierendes soziales Gerechtigkeitssystem. Außerdem wissen wir auf dem Weg zu sozialer Gerechtigkeit auch noch gar nicht, ob sie offen und frei geschaffen werden soll oder totalitär und diktatorisch. Beides ist denkbar. Sozial gerecht ist demnach eine Luftnummer: Der geforderten Gerechtigkeit fehlt der Maßstab, was der Gesellschaft gut tut und was nicht. Dafür hätten wir eben die Moral, das besagte Wertesystem. Eine sozial gerechte Gesellschaft kann also nur eine moralische Gesellschaft sein. Die Fokussierung auf sozial statt auf moralisch untergräbt tatsächlich die Moral. Die von allen Parteien betriebene, wuchernde Umverteilung der gesellschaftlichen Ressourcen zum Ausgleich der sozialen Ungerechtigkeit ist der billige Ablasshandel, sich ohne große moralische Überlegungen die Absolution des Wahlvolkes zu erkaufen. Es braucht nicht mehr die Frage gestellt werden, ob jemand etwas verdient habe oder ob jemand zu gegebener Zeit seinerseits bereit sei, sich in den Dienst des Gemeinwesens zu stellen. Ob jemand wahrhaftig in seinen Forderungen sei. Ob jemand mäßig in den geäußerten Bedürfnissen bleibe. Ob jemand bereit sei, sich den allgemeinen Werten zu unterwerfen. Es wird nicht mehr nach dem

Kanon der staatsbürgerlichen Tugenden gefragt. Wenn soziale Gerechtigkeit herrschen soll, wird einfach die Gießkanne der Wohltaten über alles nur Erdenkliche ausgeschüttet, ohne Ansehen der Person. Der Drückeberger und der von Schicksalsschlägen Gebeutelte gelten gleich viel. Der Mitläufer und der Träger auch.

Gerechtigkeit wird zur Gleichheit

Wie soll Moral gedeihen, wenn sie im gesellschaftlichen Streben mit keinerlei Anerkennung verbunden ist? Wenn vielmehr die Bedingungslosigkeit zunehmend zur obersten Prämisse staatlicher Wohlfahrt wird? Die solidarische Unterstützung Hilfsbedürftiger zum Beispiel erfordert die öffentliche Auseinandersetzung und ethische Einordnung sowohl in Bezug auf die Hilfsbedürftigkeit als auch in Bezug auf die Hilfsbereitschaft. Ein allgemeines staatliches Grundeinkommen hingegen entkoppelt sowohl den Leistungsempfang als auch die Leistung von einer moralischen Einordnung. Alles ist gleichermaßen gerecht, gleichermaßen gut. Wer sollte sich dann noch besonders anstrengen, moralisch gut zu handeln?

Ohne die gesellschaftliche Bewertung von richtigem Leben wird unweigerlich die Gleichheit zum alleinigen Maßstab der Gerechtigkeit. Ungleich ist dann ungerecht. Ist das menschlich? Ist das sinnvoll für die Funktionsfähigkeit eines Gemeinwesens?

Als kleine Lockerung während des Lesens: Überlegen Sie sich doch bitte einmal kurz selbst die unterschiedlichen Möglichkeiten einer Bewertung von Forderungen nach Unterstützung zum Lebensunterhalt wegen Krankheit oder wegen eines Sportunfalls beim Drachenfliegen oder als Folge von Kettenrauchen oder weil man nach einer Trennung alleinerziehend geworden ist oder nachdem man eine willkürlich gewählte Altersgrenze erreicht hat oder weil man als notorischer Schulschwänzer später am Arbeitsmarkt nicht vermittelbar ist oder weil einer als Lebenskünstler eigene Anstrengungen als unzumutbar empfindet oder weil ein anderer seinen vollgefressenen Wanst nicht mehr aus dem Fernsehsessel heben will. Nehmen wir an, alle wollten Forderungen in gleicher Höhe an das Gemeinwesen geltend machen. Ist es gerechtfertigt, dass dieses Gemeinwesen für alle gleichermaßen verpflichtend aufkommt?

Für was wäre die Entwicklung unserer abendländischen Kultur seit der Antike und vielleicht noch viel länger mit prägnanten Vorstellungen von Tugendhaftigkeit und Untugenden gut gewesen, wenn eh alles gleich ist? Wenn jede empfundene Ungleichheit zur Ungerechtigkeit stilisiert werden kann, erwächst daraus die Diktatur des kleinsten gemeinsamen Nenners. Mir graut, wenn ich die Fortentwicklung einer solchen schönen neuen Welt bis zur Vollendung denke.

Benachteiligung von Interessen

Ein weiteres Defizit der Orientierung an sozialer Gerechtigkeit ist die systematische Benachteiligung von Interessen, die sich nicht angemessen artikulieren können beziehungsweise die gegenwärtig gar nicht vertreten sind. Gleich machen lassen sich nur erkennbar Anwesende. Unmittelbar augenscheinlich wird das an den in fast allen westlichen Wohlfahrtsstaaten in den Himmel wachsenden Staatsverschuldungen. Überall jenseits dessen, dass in irgendeiner Weise noch an Konsolidierung zu denken wäre. Ja zumeist sogar jenseits dessen, dass der soziale Friede überhaupt noch ohne Neuverschuldung vorstellbar wäre. Ja fraglos, der schuldenbetriebene Wohlfahrtsstaat führt heute zu einem sozialen Ausgleich auf hohem Niveau. Das kann man nun wohl sozial gerecht nennen. Aber es ist unmoralisch (zumindest nach meinen mittelmäßigen abendländischen Moralvorstellungen). Es ist unmoralisch, sich den Lohn zu holen, bevor man die Leistung erbracht hat. Wenn man die Schnitzel frisst, bevor man auch nur Saat für Viehfutter hätte. Und es ist doppelt unmoralisch, wenn man die Lasten dieser unausgeglichenen Leistungsbilanz anderen aufbürdet, die sich nicht einmal dagegen wehren können: die geborenen und ungeborenen künftigen Generationen. Wir beuten gnadenlos und sehenden Auges unsere Kinder und Enkel aus, machen sie zu den Sklaven unseres heutigen, sozial gerecht verteilten Wohlstandes. Unseren

Nachkommen bleibt nur die Wahl, ihr vorbestimmtes Sklaventum anzunehmen oder alles über Bord zu werfen und ohne ein Erbe bei Null anzufangen.

Wettstreit der ethischen Vorstellungen

Wenn Regierungserklärungen, Gesetzeslesungen, Plenardebatten und Ausschussdiskussionen nebst den unvermeidlichen medialen Talk-Derivaten sich wieder mehr um unterschiedliche Ansichten zur moralischen Rechtfertigung von staatlichem Handeln drehen würden, dann würde auch wieder das mehrheitsfähige Wertesystem praktisch erkennbar werden. Es wäre da etwa zu streiten, ob Fleiß, Klugheit, Tüchtigkeit und Pflichtbewusstsein in unserem Gemeinwesen hinreichend gewürdigt würden. Ob die gesellschaftlichen Prämissen nicht vielleicht mehr demütig vor Gott und der Welt, mildtätig und maßvoll auszurichten seien. Ob nicht auch Machtbewusstsein, Tapferkeit, Stärke und Wagemut wieder eine größere Rolle spielen sollten. Wie wir das Glück, nach dem wir letztlich streben, definieren und welche Bedeutung wir darin der Lust beimessen wollen.

Wie wir es mit Wahrhaftigkeit und Aufrichtigkeit halten. Welche Spielräume wir im vernünftigen Handeln unseren Neigungen und Trieben lassen. Oder inwieweit wir uns von Friedfertigkeit, Hoffnung und Liebe leiten lassen wollen. Das mag jetzt irgendwie kitschig klingen, aber letztlich sind es doch genau solche Kategorien, mit denen wir alle unser Leben und unser Umfeld bemessen. Warum also nicht auch das aggregiert Menschliche, das Politische, so betrachten. Nach welchen Maßstäben sollten sich sonst die Rahmenbedingungen für menschliches Zusammenleben gestalten lassen?

Um keine Missverständnisse aufkommen zu lassen: Es geht mir hier nicht um die Installation einer Sittenpolizei oder überhaupt die Festschreibung einer bestimmten Ethik. Ganz im Gegenteil: Es geht um den Wettstreit der Ideen. Trotz einer einheitlichen abendländischen Wertegrundierung können für Tugenden und Moral unzählige Nuancen der Auslegung und Interpretation gedacht werden. Parteien und Politiker sind dementsprechend aufgefordert, die unterschiedlichen moralischen Kategorien nach ihren Vorstellungen mit Leben zu erfüllen, dafür einzutreten und zur Wahl zu stellen. Ein Parteiprogramm wäre in diesem Sinne der Vorschlag einer Ethik, eine moralische Prüfroutine für gesellschaftliche Zwecke und Mittel. Ein spezifisches Moralverträglichkeitsverfahren.

Maßstäbe und Gewissen

Die Effekte wären zweierlei: Zum einen würde politisches Handeln gewiss authentischer werden. Wenn die Maßstäbe einer politischen Position in aller Länge und Breite offenliegen, weil es eben die Maßstäbe sind, über die alle politische Auseinandersetzung geführt wird, dann werden die gewählten Verantwortungsträger viel offensichtlicher beurteilbar. Die Politiker müssen sich dann an ihren eigenen Maßstäben messen lassen. Sie müssten sich auch und ganz besonders um ihr Geschwätz von gestern scheren. Das wäre doch schon mal ein Fortschritt für eine freie Gesellschaft, oder?
Viel, viel wichtiger erscheint mir aber ein anderer Effekt: Wenn Moral und Ethik Kernbestandteil des

Buhlens um Mehrheiten zur Volksvertretung sind, dann entsteht aus den demokratischen Prozessen so etwas wie ein Volksgewissen. Ein Mehrheitskonsens über unverhandelbare, hinreichende und wünschenswerte Merkmale des im Sinne des Gemeinwesens guten und richtigen Handelns. Auch ohne dass solches dann immer unmittelbar Recht und Gesetz werden muss, gibt schon das politische Verfahren jedem Einzelnen die Möglichkeit, seine eigene Moralität anhand des Gemeingedankens zu beurteilen. Ganz ohne Drohung mit dem Fegefeuer bekommt jeder moralische Leitplanken.

Werte als gesellschaftliches Kapital

Die Auseinandersetzung und Bestimmung moralischer Kategorien im öffentlichen Wesen wird auch aufs Private abfärben. Wenn angewandte Moralphilosophie im Staatlichen zur gängigen Praxis wird, dann wird es zumindest deutlich schwieriger im eigenen Alltag nonchalant darüber hinwegzugehen. Wenn sich zum Beispiel, was zu hoffen ist, die weitgehende Wahrhaftigkeit als parteiübergreifende Prä-

misse jeder politischen Initiative durchsetzen würde
– weil, wie wollte man sich überhaupt demokratisch
auseinandersetzen, wenn nicht jeder gleichermaßen
ehrlich ist –, dann steht zu erwarten, dass sich auch
die gesellschaftliche Beurteilung von Versicherungs-
betrug, Schwarzarbeit und Schwarzhandel oder Steuerhinterziehung wandelt: von der augenzwinkernden
Einordnung als lässliches Kavaliersdelikt zur Klar-
stellung, dass es sich dabei um vorsätzliches Lügen
und den Betrug seiner Mitmenschen handelt.

Die erkennbare und gelebte gemeinsame Wertebasis
bildet schließlich ein gesellschaftliches Kapital, weil
es Vertrauen schafft – und Vertrauen schafft wieder
Vertrauen. Die Verlässlichkeit eines moralischen
Konsenses, einer allgemein vertretbaren und vertre-
tenen ethischen Prägung, ist eine nicht zu unter-
schätzende Stärke eines Gemeinwesens. Ohne impe-
rialistische Intention meinerseits möchte ich sogar so
weit gehen, zu behaupten, dass die ethische Ge-
schlossenheit einer Gesellschaft der feste Punkt in
der Luft ist, an dem sich die Welt aus den Angeln
hebeln ließe. Leben und Alltag bekommen jedenfalls

eine ganz andere Verlässlichkeit, wenn im Staat ethische Einigkeit herrscht, für die allen Bürger einstehen können.

Wie kann es dazu kommen? Wie wird die Sozialdemokratie zur Moraldemokratie, das Christlich-Soziale zum Christlich-Moralischen, der Sozialstaat zum Moralstaat? Schaut man das herrschende, annähernd vollkommene Fehlen von Festlegungen im öffentlichen Politsprech an, möchte man gleich wieder verzweifeln, dass es da zu einer moralischen Wende kommen könnte. Es fehlen heute ja schon Festlegungen zu konkreten Angelegenheiten, an denen sich dann das tatsächliche Handeln überprüfen lassen würde. Bloß nichts sagen, was man dann absehbar einhalten muss. Wie soll es dann dazu kommen, dass einer viel, viel grundlegender seine selbst auferlegten moralischen Zügel en détail darlegt. Dann wird es nämlich schwierig heute *Hü!* anzudeuten und morgen *Hott!* zu sagen (mit dem Brustton der Überzeugung, man habe eigentlich immer *Hott!* gemeint und sei nur falsch verstanden worden).

Die Moral hinterfragen

Nun ich meine, wir sollten einfach einmal anfangen, danach zu fragen. Wir als Bürger, als Wähler, als Interessenvertretungen, als Medien. Wir sollten aufhören zu fragen, was die Politiker im Falle einer Wahl zu tun beabsichtigen. Stattdessen sollten wir sie fragen, welche Idee vom guten und richtigen Handeln in unserem Gemeinwesen sie haben. Wir sollten nicht *Was?* oder *Wie viel?* fragen, sondern *Wieso?* und *Warum?*. Wir sollten nicht fragen, welche Gesetze sie machen oder abschaffen wollen, sondern nach welchen Prinzipien sie Gesetz geben wollen. Wir sollten in guter aufklärerischer Tradition skeptisch sein und prüfend hinterfragen, welche Prämissen hinter den Wahlslogans stehen und sie uns volksgerecht erklären lassen. Anstatt dass wir Stefan Raab das öffentliche politische Gespräch mit seiner Talkrunde *Die absolute Mehrheit* endgültig ad absurdum führen lassen, sollten wir Peter Sloterdijk, Jürgen Habermas, Wolfgang Huber, Notker Wolf, Herta Müller oder von mir aus auch Günter Grass zum Fernsehgespräch mit jeweils einem politischen Counterpart bitten –

zur Primetime gleichzeitig auf ARD und ZDF. Wieso nicht den öffentlich-rechtlichen Auftrag einmal ernst nehmen? Ich bin fast überzeugt, wir würden eine sensationelle Überraschung erleben, welch unerwartet hohe Einschaltquote ein solch vordergründig langweiliges eineinhalbstündiges Nur-Gespräch erzielen kann. Es würden dabei nämlich unweigerlich die Sinnfragen des Lebens aufgeworfen, und die brennen auch dem postmodernen Fernsehjunkie noch unter den Nägeln. Wir sollten schließlich allen Volksvertretern einen moralischen und ethischen Steckbrief abverlangen und die Außenwände der Parlamente damit tapezieren, sodass sie schon von Weitem für alle und für sie selbst sichtbar sind.

Nominierung von Wahlvorschlägen

Was wir noch tun können, ist moralische Vorbilder zu motivieren, politisch tätig zu werden. Joachim Gauck im Amt des Bundespräsidenten ist – wie auch einige seiner Vorgänger – Balsam auf meine realpolitisch geschundene Seele. Solche Selbst- und Nachdenker bräuchten wir aber auch viel mehr im operativen Politikbetrieb. Wer also jemanden kennt, den er schon lange wegen seines bedachten, werteverbundenen und zukunftsträchtigen Handelns schätzt, der versuche ihn bitte für ein öffentliches Amt zu nominieren. Das ist auch der Bereich, wo tatsächlich noch mehr Basisdemokratie erforderlich ist: nicht bei Volksentscheiden über Vorhaben der Exekutive oder Legislative und auch nicht einmal unbedingt in Bezug auf die Direktwahl in politische Positionen, sondern bei der Nominierung von Kandidaten. Heute ist die politische Kandidatenkür in allen Parteien der Auswurf eines im Untergrund brodelnden Proporzsumpfes. Die Macht heiligt die Mittel. Ein Prozess, der meistens auch in den Parteien für das Gros der politisch Engagierten unbefriedigend ist oder sie wenigstens zu scheinbar meinungslosen Claqueuren degradiert. Genug Anlass und Motivation also für die Ingangsetzung von Partei- und Bürgerinitiativen, um die Nominierung von Wahlvorschlägen auf Ur- und Volksabstimmungen zu gründen. Gewiss ein Weg, um der korrumpierenden Wirkung der Macht ein Schnippchen zu schlagen.

Es steht zu hoffen, dass die größere öffentliche Teilhabe bei der Nominierung von Wahlvorschlägen auch die Auflösung der heute größten deutschen Volkspartei betreiben würde, die Auflösung der Partei der Nichtwähler, der inzwischen bei immer mehr Gelegenheiten mehr als die Hälfte der Wahlberechtigten anhängen. Außerdem würde mit der tieferen gesellschaftlichen Verwurzelung der Volksvertretung die dringend nötige Stärkung unserer Parlamente einhergehen. Dringend nötig, um das wichtige demokratische Prinzip der Gewaltenteilung zu restaurieren. Der heute aus den Parteihierarchien schon fast natürlich erwachsene Fraktionszwang ist Gift für die essentielle Rolle der Parlamente als Kontrollinstanz über die Regierung. Moralisch begründbar war die Beschränkung der freien Gewissensentscheidung des einzelnen Abgeordneten eh noch nie. Dem Ganzen könnte vielleicht auch mit Bürgerinitiativen beziehungsweise Volksentscheiden etwas auf die Sprünge geholfen werden, von denen das Verbot des Fraktionszwanges unter Androhung der Strafverfolgung wegen Nötigung gefordert wird. Und dass Abstimmungen ausschließlich geheim erfolgen zu haben. Oder dass die Sitzordnung im Bundestag vor jeder Plenarsitzung zufällig festgelegt wird (einschließlich der Regierungsmitglieder).

II. FREIHEIT STATT WOHLFAHRT

Auch der zweite Hebel, um in einer neuen Phase der Aufklärung Philosophie wieder praktisch werden zu lassen, setzt an den großen Axiomen unseres Staatsverständnisses an: Nicht Wohlfahrt sollte das vordergründige Ziel unseres Gemeinwesens sein, sondern Freiheit. Der Freiheitsstaat statt dem Wohlfahrtsstaat. Nicht dass mir Wohlergehen, Glück und Gedeihen unseres Gemeinwesens nicht am Herzen liegen würden. Das soll natürlich hinten rauskommen. Es ist aber die Frage, mit welchem menschlichen Selbstverständnis man dahin gelangt? *Ich bin, was ich tue und verantworte* oder *ich bin, was mir angetan oder verweigert wird.* Ich behaupte jetzt einmal, jeder der bis hierher gelesen hat, wird sich hinter der ersten Aussage einordnen. Unsere staatliche Realität stellt sich aber deutlich anders dar: die zwingende Vollkaskoversicherung aller möglichen Lebensrisiken zum Beispiel oder 33.000 geltende Steuerparagrafen oder was alles für Verantwortungen gesetzlich auf die Arbeitgeber übertragen werden, vom Kündigungsschutz über die allgemeine Gleichstellung bis zur Drittschuldnerhaftung etwa bei Lohnpfändungen. Das alles lässt in Wirklichkeit kaum Raum für ein eigenverantwortliches Leben. Kein Wunder also, dass kaum jemand noch Verantwortung übernehmen will. Den einen vergeht nach und nach schlicht die Lust, und die anderen ziehen sich lieber in per se annähernd verantwortungsfreie Räume zurück — etwa in die leicht dahingezwitscherte virtuelle soziale Poesiealben-Wirklichkeit, in die *scripted realities* des Fernsehens oder in allein der Lust verschriebene Freizeitwelten.

Kein Wunder auch, dass damit ebenso die Wertekategorie von Verantwortlichkeit verschüttgegangen ist. Wo werden heute Verantwortungsträger noch hoch geschätzt? Der Respekt, den man früher ganz selbstverständlich gegenüber den Honoratioren der Gemeinde aufgebracht hatte, war nicht nur einem buckeligen Standesbewusstsein geschuldet. Vielmehr war es auch Ausdruck der Achtung, dass etwa Arzt, Pfarrer, Lehrer, Großbauer oder Bürgermeister die wichtigsten Verantwortungsträger für so essentielle Angelegenheiten wie die Gesundheit, das Seelenheil, die Bildung, Arbeitsplätze und die öffentlichen Belange waren. Heute holt man sich im Krankheitsfall eine Zweitmeinung vom Wunderheiler, fürs Seelenheil geht man zur Familienaufstellung mit Haustieren, gegen den Lehrer klagt man, sollte er sich tatsächlich noch einem Erziehungsauftrag verpflichtet fühlen, zu den Arbeitgebern steht gerade noch jeder zehnte Arbeitnehmer wirklich loyal und die Politiker rangieren schon lange unter den Berufsgruppen mit dem geringsten öffentlichen Ansehen. Was glauben Sie, wie viel Spaß das heute noch macht, für alles den Kopf hinhalten zu müssen, aber öffentlich außer Neid um den Lohn wenig Beachtung zu ernten? Da möchte man von einem Standeswahlrecht zu fantasieren beginnen, das dem der mehr leistet und verantwortet auch ein höheres politisches Gewicht einräumt.

Verantwortung ist die Freiheit der Erwachsenen ist eine der zentralen Überzeugungen von Joachim Gauck, die er auch als Bundespräsident nicht müde wird, den Leuten zu predigen. Gut so, denn das heißt ja neben dem Vernünftig-Werden im Heranwachsen ist die Freiheit der entscheidende Faktor für Verantwortung. Wenn alles staatlich geregelt ist, bedarf es weder einer vernünftigen noch einer ethischen oder religiösen Auseinandersetzung im eigenen Handeln. Die Regelgerechtigkeit ersetzt das vernünftige oder tugendhafte Verhalten.

Verantwortung statt Regeln

In der christlichen Vorstellung schuf Gott den Menschen nicht als Untertan, sondern nach seinem Ebenbild. In dieser Gottesebenbildlichkeit soll der Mensch sich von da an die Erde untertan machen. Das heißt, jeder von uns trägt die ganze Bürde göttlicher Verantwortung für die Schöpfung in sich – für uns selbst, unsere Mitmenschen und unsere Umwelt. Man kann zu ihm stehen, wie man will, aber da hat sich der liebe Gott etwas dabei gedacht, dass er uns keine Bibliotheken von Anweisungen aufgehalst hat, sondern nur die Freiheit und die Verantwortung: Hier hast du das Leben und hier ist die Welt, und jetzt geh vorsichtig damit um. Möglichst genauso vorsichtig wie es ein allwissender Übergeist machen würde! Dem Herrgott oder seinen Erfindern war klar, dass ein allumfassendes Regelwerk für alle Wechselfälle des Lebens unmöglich ist. Viel praktikabler ist eine allgemeine Verpflichtetheit für das Dasein, aus der von Fall zu Fall die angemessenen Handlungsweisen abgeleitet werden müssen. Dabei werden gewiss Fehler passieren – es handelt ja nicht Gott selbst, sondern es sind nur ein paar arg vereinfachte Klone –, aber es besteht zugleich die Hoffnung, dass der wache Geist der Verantwortung die Auswirkungen dieser Fehler auch wieder entdeckt und die Ursachen korrigiert. Eine falsche Regel hingegen, die niemand mehr hinterfragt, weil sich keiner mehr verantwortlich fühlt, kann verheerend wirken.

Vielleicht erinnert sich noch jemand an den Film *Wargames* aus den Achtzigerjahren: Nachdem bei einer Simulation der US-Streitkräfte festgestellt wurde, dass ein Reihe von Befehlshabenden über die interkontinentalen Nuklearwaffen im Zweifel den Befehl zu einem atomaren Gegenschlag verweigern würde, wurden die Kontrollen über die atomare Abschreckung auf ein vollautomatisches Expertensystem übertragen. Als nun ein Teenager, beim Versuch, Spielsoftware zu hacken, just auf diesem Server landete, setzte er versehentlich ein sowjetisches Bedrohungsszenario in Gang, aufgrund dessen die Computeralgorithmen einen Teufelskreis der atomaren Vergeltung begannen. Es ist ein mittelmäßiger US-Film, er geht gut aus – das ist aber eigentlich das Unlogischste an dem Streifen. Der Rest führt einem eindrucksvoll die Risiken vor Augen, wenn Verantwortung durch unhinterfragte Regelwerke ersetzt wird. Die verantwortungsvollen Menschen hätten vielleicht auch falsch reagiert, das System jedenfalls war todsicher.

Die Freiheit der Betroffenheit

Verantwortung geht nicht ohne Mitdenken. Und neben der Denkfähigkeit erfordert das vor allem

Betroffenheit. Ernsthafte Gedanken macht man sich doch in den allermeisten Fällen erst, wenn aus einem Geschehen Konsequenzen für das eigene Leben oder Umfeld erwachsen oder zumindest erwartet werden. Zunehmende Wetterkapriolen bekommen eine ganz andere Brisanz, wenn einem einmal der Keller vollgelaufen ist. Und genau an dieser Stelle kommt die Freiheit wieder ins Spiel. Um noch kurz im Bild zu bleiben, es macht einen gravierenden Unterschied, ob mir der vollgelaufene Keller gehört oder ob ich ihn gemietet habe. Je mehr mich eine Angelegenheit in einem Freiraum tangiert, desto größer ist die Betroffenheit. Umgekehrt wird es noch deutlicher: Wenn der gutmeinende Wohlfahrtsstaat laufend zu unserem angenommenen Besten die Freiheit beschränkt, um alles Erdenkliche im vorauseilenden Gehorsam zu bekümmern, dann erreichen uns die wechselhaften Wetterlagen des Daseins gar nicht mehr. Wir finden uns zusehends im goldenen Wohlfahrtskäfig der Unbetroffenheit und wiegen uns mit jeder staatlich aufgedrängten Verpflichtung mehr in der Hängematte der Verantwortungslosigkeit. Noch ein anderes Bild: Ein Schmerz schmerzt, hat aber zugleich den Sinn, darauf aufmerksam zu machen, dass wir uns zum Beispiel etwas eingetreten haben. Wenn immer gleich ein Schmerzmittel parat ist oder man gar präventiv betäubt wird, kann der Schmerz vermieden werden, aber nicht die Verletzungsgefahr. Und vor allem geht mit dem Schmerzbewusstsein auch die Vorsicht verloren, auf Gefahrenquellen zu achten. Das heißt schlicht, man muss die Freiheit haben, sich auch einmal wehtun zu dürfen, damit man lernt aufzupassen. Laufen lernt man von Fall zu Fall, nicht dadurch dass man getragen wird.

Damit das hier nicht zum Bilderbuch gerät, ein paar kurze Veranschaulichungen aus dem richtigen Leben: Deutsche Regierungsbeamte melden sich 16 Tage im Jahr krank – so viel wie sonst nirgendwo in der OECD. Deutsche Unternehmer sind hingegen nur knapp sieben Tage im Jahr nicht auf ihrem Posten (Geld ausgeben verschleißt scheinbar mehr als Geld verdienen). Bei Angestellten sinkt der Krankenstand, wenn sich die konjunkturelle Lage im Land verschärft und umgekehrt. Die Sorge um den

Arbeitsplatz befördert offensichtlich das Pflichtbewusstsein. Zu guten Zeiten genügt schon ein missliebiger Auftrag, dass so mancher anderntags verschnupft ist und sich drückt. Die Inflation des Burnouts, wovon angeblich allein in Deutschland neun Millionen betroffen sein sollen, mitten in Zeiten größtmöglicher Betüttelung der Arbeitnehmer und niedrigster Arbeitszeitbelastungen gehört auch zu diesen Phänomenen. Gerade bei psychischen Erkrankungen kommen Studien dazu, dass bis zu drei Viertel der Krankgeschriebenen eigentlich arbeitsfähig sind. Unser extrem weit gefasster Schutzraum des Arbeitsrechts – versuchen Sie zum Beispiel mal jemanden, der ein Attest zu bringen versteht, wegen Blaumachens zu kündigen – entfremdet die Menschen immer mehr davon, dass Arbeiten Broterwerb bedeutet und dass jedermanns Leistung dabei unerlässlich ist und deswegen nur im Notfall darauf verzichtet werden kann, wofür man eigentlich auch selbst die Verantwortung zu tragen hätte. Natürlich kann man vielleicht nichts dafür, wenn man mal wirklich krank wird. Der Arbeitgeber ist aber in aller Regel noch viel weniger dafür haftbar zu machen.

Wer sich um die Lohnfortzahlungen im Krankheitsfall (mehr) selbst kümmern muss, bekommt ganz
von selbst eine andere Arbeitsmoral und eine andere
Einstellung zum Erhalt der eigenen Arbeitskraft.
Genauso führt unser unsichtbares und von den
Menschen kaum mitbestimmbares System der Kran-
kenversicherung dazu, dass die Eigenverantwortung
für die Gesundheit schwindet. Es entsteht mehr und
mehr eine Reparaturmentalität, anstatt sich Gedanken über den Lebenswandel zu machen. Jeder sechs-
te Deutsche ist zum Bespiel mit einem Body-Mass-
Index größer 30 behandlungsbedürftig dick (das sind
etwa bei 1,83 Körpergröße über zwei Zentner). Im
europäischen Dicken-Vergleich belegen die Deutschen inzwischen Platz eins. Dabei dürfte die Statis-
tik sogar noch schöngefärbt sein, weil bei uns im
Gegensatz zu anderen Ländern nicht gewogen und
gemessen, sondern befragt wird. Wir müssen inzwischen schon die Sanitätswagen neu ausrüsten, weil
die üblichen Krankentragen, mit einer Auslegung auf
150 Kilogramm Last, immer öfter nicht mehr stand-
halten. 300 Kilogramm sollen die neuen XXL-
Tragen bewältigen. Gerade im Gesundheitswesen

wird sehr deutlich, wie weit die staatliche Versichertheit uns von der Verantwortung entfremdet, indem wir uns nicht einmal mehr um den eigenen Körper selbst kümmern. Und auch wenn's nicht ganz hierher gehört, aber verkneifen kann ich mir es in diesem Zusammenhang nicht: Im krassen Gegensatz dazu steht das rasant wachsende modische Körperbewusstsein von der Intimrasur – inzwischen auch bei jungen Männern selbstverständlich – über die boomenden Botox-Spritzen bis zum Wachstumsmarkt Schönheitschirurgie. Wenn uns die Verantwortungslosigkeit dereinst in den Ruin getrieben hat, werden wir wenigstens in Schönheit sterben.

Zukunft braucht Eigenverantwortung

Fatal ist, dass der paternalistische Wohlfahrtsstaat vordergründig zu funktionieren scheint. Er lullt uns quasi mit Wohlfahrt ein. Nachdem wir in das komplexe Regelwerk der wohlfahrtsstaatlichen Bürokratie inzwischen nicht wenig Gehirnschmalz gesteckt haben, ist das Ergebnis für den Moment eigentlich gar nicht so schlecht. Uns geht es gerade fraglos gut.

Ob aber etwa der Umgang mit dem Klimawandel, die Energiewende angesichts unweigerlich endlicher fossiler Energieträger oder die Bereitstellung gesunder Lebensmittel für eine explodierende Weltbevölkerung ohne private, individuelle Initiative und Verantwortungsübernahme zu schultern sind, wage ich zu bezweifeln. Wir übernehmen ja nicht einmal mehr die Verantwortung fürs Dasein an sich, indem wir uns selbst nicht mehr zur Welt bringen. Ohne Verantwortung verlieren wir die Zukunft.

Und damit wären wir zurück beim Ausgangspunkt, dass Philosophie wieder praktisch werden soll. Denn Philosophie wälzt die großen Fragen unseres Daseins: nach unserer Erkenntnismöglichkeit, nach dem Menschenbild, nach der Hoffnung und vor allem nach dem richtigen Handeln im Leben. Und fordert aus dem Nachdenken zur Umsetzung auf. Praktische Philosophie bedeutet Befähigung zur eigenverantwortlichen Lebensbewältigung in all seinen Dimensionen. Oder anders gewendet: In Freiheit vermittelt die praktische philosophische Auseinandersetzung den Menschen die Verantwortungsfähigkeit für ihr Leben und ihr Gemeinwesen.

Die freiheitlich demokratische Grundordnung

Wenn Philosophie praktisch werden soll, brauchen die Menschen mehr Entscheidungsfreiräume, auch wenn sie sich dann das ein oder andere Mal wehtun werden. Die praktische politische Forderung ist also simpel: Lasst uns mehr Freiheit wagen!

Oder anders besehen: Nehmen wir einfach unser Grundgesetz wieder ernst! Ein Hinweis, den ich der ehemaligen DDR-Bürgerrechtlerin Vera Lengsfeld verdanke. Das Grundgesetz der Bundesrepublik Deutschland strotzt geradezu von Freiheit: ... *das Recht auf die freie Entfaltung der Persönlichkeit ... die Freiheit der Person ist unverletzlich ... die Freiheit des Glaubens, des Gewissens und die Freiheit des religiösen und weltanschaulichen Bekenntnisses sind unverletzlich ... das Recht, seine Meinung in Wort, Schrift und Bild frei zu äußern ... die Pressefreiheit und die Freiheit der Berichterstattung durch Rundfunk und Film werden gewährleistet ... Kunst und*

Wissenschaft, Forschung und Lehre sind frei ... alle Deutschen genießen Freizügigkeit ... das Recht, Beruf, Arbeitsplatz und Ausbildungsstätte frei zu wählen ... das Grundrecht der Versammlungsfreiheit ... Um nur ein paar zu nennen. Auf der Suche nach *frei* finden sich 60 Treffer in unserem Grundgesetz. Nimmt man die Verbote von Freiheitsbeschränkungen noch dazu, dann sind es viel mehr. Das ganze Werk versteht sich selbst als *freiheitlich demokratische Grundordnung.* Bei der Gelegenheit, *gerecht* steht nur fünfmal im Grundgesetz, darunter zweimal *konjunkturgerecht.* Und auch die *Gleichheit* lässt sich im Grundgesetz nicht allgemein finden, sondern nur als notwendige demokratische Grundprinzipien: die Gleichheit vor dem Recht und die gleichen staatsbürgerlichen Rechte und Pflichten aller Bürger sowie die allgemeinen, unmittelbaren, freien, gleichen und geheimen Wahlen. Unsere Verfassungsväter haben ein Fundament für unvergleichlichen Frieden und Wohlstand gebaut, das sollten wir ernst nehmen: *Einigkeit und Recht und Freiheit sind des Glückes Unterpfand.*

Das Leben in mehr Freiheit wird gewiss nicht einfacher werden. Wobei auch für den Wohlfahrtsstaat eigentlich nie jemand behauptet hat, dass der einfach oder mit wenig Arbeit zu haben sei. Jedenfalls wird das freiere Leben per se bedachter und damit bewusster und sinnhafter werden. Und was könnten wir als Menschen mehr für unsere Zukunftsfähigkeit aufbringen, als dass wir uns massenhaft darüber ernsthaft Gedanken machen – jeder so gut er kann; selbst kleingeistig ist tausendmal besser als egal.

Initiativen der Freiheit

Wie kommen wir also einen Schritt weiter in Richtung mehr Freiheit? Als Allererstes bedarf es wohl endlich einer politischen Kraft, die sich ausdrücklich der Freiheit als höchstes Gut eines Gemeinwesens verschrieben hat. Und diese nicht nur im Namen trägt – wie die nationalradikalen Parteien in Österreich und den Niederlanden – oder aber – wie in Deutschland – das liberale Credo und den freiheitlichen Tatendrang regelmäßig der Realpolitik und dem Machterhalt opfert. Es fehlt heute eine Partei, die weiß, dass Wohlstand aus Freiheit entsteht und nicht umgekehrt. Die eine dementsprechende Vorstellung des Staatswesens verfolgt und sich schlimmstenfalls dafür auch standhaft abwatschen lässt. So dass die Freiheit einmal wirklich wählbar wäre. *Für den politischen Liberalismus gilt die Maxime too important to fail, selbst wenn es für too big to fail nicht reicht,* leitartikelte Peter Sloterdijk einmal in der *ZEIT*.

Vielleicht ist aber auch eine Partei nicht mehr unbedingt die zeitgemäße Plattform, um Begeisterung zu erzeugen und zu tragen, die Denkstrukturen zu ändern vermag. Schließlich können in einem demokratischen System auch andere Instanzen Einfluss auf die parteiische Interessenvertretung nehmen. Gegebenenfalls sogar noch viel mehr, weil sie nicht der unerlässlichen Kompromissbereitschaft für Mehrheitsbeschlüsse in der Regierungsverantwortung unterliegen. Aufgabe einer solchen Initiative könnte es sein, den oben skizzierten schleichenden Totalitarismus des Wohlfahrtsstaates und seine Folge für die Zukunft zu enttarnen. Die Freiheit braucht im demokratischen Prozess des politischen Wandels einen flammenden Fürsprecher. Da wo sich Unfreiheiten manifestieren, die auch tatsächlich Unmut erzeugen, aber effektiv keinen politischen Widerhall finden, da müssen Anlässe geschaffen werden, an denen sich eben jene Unmutigen beteiligen wollen und die Aufmerksamkeit erzeugen. Demokratische Willensbildung basiert auf Mehrheiten – allerdings nicht auf tatsächlichen Mehrheiten, sondern auf den wahrgenommenen. *Greenpeace* war und ist hier für den ökologisch nachhaltigen Wandel beispielgebend. Mit Kreativität, Mut, Authentizität, Einsatz und Kampagnenfähigkeit kann auch eine kleine Gruppe weltbewegend wirken, vor allem wenn sie sich im Innern ehrlich philosophisch hinterfragt und auseinandersetzt. Wer macht also mit bei *Freepeace?*

III. ÜBEN

Von der Freiheit, die einem gelassen wird, ist die Befähigung zu Freiheit nicht trennbar. Womit ich zu meinem dritten und letzten Punkt komme, wie Selbstaufklärung gelingen könnte und Philosophie wieder mehr praktisch wird: durch Übung. Nach

Aristoteles erreicht man das Glück im Leben durch die Tugendhaftigkeit und tugendhaft wird man, indem man sich darin übt und sich dabei daran gewöhnt: *Die Tugenden dagegen erwerben wir, indem wir sie zuvor ausüben, wie dies auch für die sonstigen Fertigkeiten gilt. Denn was wir durch Lernen zu tun fähig werden sollen, das lernen wir eben, indem wir es tun: durch Bauen werden wir Baumeister und durch Kitharaspielen Kitharisten. Ebenso werden wir gerecht, indem wir gerecht handeln, besonnen durch besonnenes, tapfer durch tapferes Handeln.* So klar, so einfach, so richtig. Und so unmittelbar anwendbar.

Das was Aristoteles für die Tugenden fordert, gilt auch für die Verantwortung und die Befähigung zu Freiheit. Verantwortung lernt man, indem man sich frei verantwortlich verhält. Es geht also darum, Übungsräume für Tugendhaftigkeit genauso wie für Freiheit und Verantwortung zu schaffen. Üben erfordert Lehrer oder wenigstens zur Nacheiferung reizende Vorbilder. Meistens aber braucht es doch einen gewissen Übungsleiter, der einem hilft, etwas einmal zu schaffen, quasi von einer Sache zu kosten, damit man auf den Geschmack kommt. Es bedarf

Helfern, die Erfahrungen ermöglichen, genauso wie es schon Konfuzius gewusst hatte: *Erkläre mir und ich vergesse, zeige mir und ich erinnere, lass es mich machen und ich verstehe.*

Philosophie in der Schule

Wo es schon um Lehrer geht, liegen Schule und Kindergarten nah. Und da wäre, neben der Erkenntnis, dass alle Beschäftigung mit Kindern Lernen bedeutet, Schule und Kindergarten also nicht zu trennen sind, noch zweierlei zu bedenken: Zum einen ist das nicht mehr und nicht weniger als die Reform eines großen Teils des gesamten schulischen Kanons. Wenn Philosophie schon praktisch werden soll, dann gehört sie als Allererstes einmal dahin, wo das Erlernen von Fertigkeiten seinen angestammten Platz hat: in die Schule. Als Vorrückungsfach. Nicht aufgrund von Noten oder Beurteilungen, sondern man muss sich beteiligen, um weiterzukommen.

Wie schon von Sokrates praktiziert, lassen sich in Dialogen entlang von praktischen Lebensbeispielen die philosophischen Fragen extemporieren, indem der Lehrer als voraussichtiger Impulsgeber und vor allem als Hinterfrager fungiert. Sokrates selbst vergleicht das philosophische Gespräch zwischen Lehrer und Schüler mit der Tätigkeit einer Hebamme, die bei der Geburt hilft, aber an sich für das Zeugen, Austragen und Gebären nichts kann. Die einen helfen Kindern ans Licht der Welt, die anderen Einsichten. Die Orientierung an den gegebenen Alltagsproblemen der Schüler, mit denen der Lehrer sich freilich auseinandergesetzt haben muss, macht den Lernerfolg ein Stück weit unabhängig von intellektuellen und kognitiven Fähigkeiten, denn auch schlichten Gemütern stellen sich im Alltag ethische Probleme und Sinnfragen.

Sprach- und Sprechfähigkeit

Kritischer Erfolgsfaktor ist allerdings die Ausdrucksfähigkeit der Gesprächsteilnehmer. Damit wächst sowohl die Bedeutung für das Fach Deutsch als auch der Bedarf zur Ausbildung der Schüler in Kommunikation und Rhetorik. Die Sprache in ihren Grundlagen von Wortschatz und Satzbau genauso wie in ihrer zwischenmenschlichen Anwendung ist ein derart essentieller Grundbaustein allen menschlichen Seins und Zusammenseins, dass eigentlich alles Schulische von daher gedacht werden muss. Ohne ausreichende sprachliche Befähigungen ist alle weitere Beschulung in anderen Fächern hinfällig. Man kann, was die Sprachausbildung betrifft, also unmöglich einfach klassenstufenweise weitergehen, sondern muss die Schüler unabhängig von Alter und Jahrgangsstufe entsprechend ihrem individuellen Stand annehmen und fördern. Und wenn es heißt, dass man einen Zwölfjährigen dazu quasi in die zweite oder dritte Klasse schicken muss. Der Ärger des Nachzügelns wird ganz sicher eine bessere Motivation sein, als der Frust der heillosen Überforderung.

Entdecken lernen

Während es in den Grundlagenfächern Deutsch und Mathematik und in den Fremdsprachen in erster Linie um eine Anpassung des didaktischen Weges einer Schullaufbahn geht, steht ansonsten der gesamte Lehrplan in Frage. Wegen fast vollkommener Erfolglosigkeit. Prüfen Sie selbst, was Ihnen von den erlebten schulischen Tiraden geblieben ist. Was man Ihnen in den naturwissenschaftlichen Fächern und in Geschichte, Geografie, Musik, Sozialkunde et cetera so alles beigebracht haben wollte und was letztlich hängengeblieben ist. Schluss also mit dem systematischen Pauken fürs Vergessen in diesen Fächern. Dafür sind die Fachgebiete zu wertvoll und zu sehr voller Quellen der praktischen Lebenserfahrung. Weg von den Fakten und Daten, hin zu den unterschiedlichen Erforschungs- und Entdeckungsverfahren der verschiedenen Disziplinen. Ziel des Unterrichts sollte es sein, die Anlässe, Hoffnungen und Erkenntniswege eines Faches zu erfahren. Die höchste didaktische Kunst ist es dabei, die Neugier für ein Fachgebiet zu wecken (woran sich, nebenbei bemerkt, dann auch die Ausbildung der Lehrer orientieren muss). Die Schüler brauchen spannende Aufgabensteller und Fach-*Hebammen*, nicht Vorsager oder gar schlimmstenfalls nur einen Filmvorführer. Wer neugierig und begeistert ist, wird von selbst anfangen, nach Daten und Fakten zu suchen. Wer's

nicht ist, wird ohne den noch immer nicht gefundenen Nürnberger Trichter auch nicht ein Quäntchen
in sich hineinpressen lassen. Wir haben es immer
geahnt, und dank moderner Hirnforschung lässt es
sich heute sogar belegen: Lernen ist eine Funktion
der Motivation. Der Lehrplan wird damit vordergründig sehr, sehr viel dünner werden, weil man auf
Entdeckerreisen entweder achtsam und bedächtig
voranschreitet oder voranpreschend Rückschläge in
Kauf nehmen muss. Die Einprägung des Erfahrenen
aber wird gleichsam explodieren.

Fast schon nebenbei sind Neugierde, Forschen, Experimentieren, Versuchen, Irren und Neu-Versuchen
zudem Eigenarten von Freiheit und Verantwortung.
Wer frei und eigenverantwortlich agiert, wird sich
ganz automatisch immer wieder auf unbekanntem
Terrain zurechtfinden müssen, wenn er nicht sogar
gerade solche Gefilde zu suchen beginnt. Ganz im
Gegensatz zur paternalistischen Prägung des Frontalunterrichts würde solcher Unterricht für ein Leben
in Eigenverantwortung und Freiheit prägen und dazu
auch schon ein Gutteil Rüstzeug mitgeben. Die

Schulzeit ist viel zu entscheidend für die Sozialisierung unserer Kinder, dass wir nicht gerade hier unsere staatstragenden Prinzipien ganz besonders groß schreiben sollten: *Einigkeit und Recht und Freiheit für das deutsche Vaterland! Danach lasst uns alle streben brüderlich mit Herz und Hand!*

Verständnis der Freiheit

Genau dieser Sozialisierungsprozess rechtfertigt auch in einem freien Gemeinwesen die Schulpflicht. In der Schule wird allen heranwachsenden Staatsbürgern in Bezug auf ethische Maßstäbe und in Bezug auf das demokratische Selbstverständnis die nationale Identität gestiftet. In der Schule bekommt man den Stallgeruch der eigenen Herde. Das klingt jetzt vordergründig totalitär nach Staatsbürgerkunde und Gehirnwäsche. Tatsächlich ist aber Erziehung amoralisch und unpolitisch ganz und gar undenkbar. Die Persönlichkeit des Lehrers, der Stoffplan, die Systematik des Unterrichts, die Organisation des Schullebens, all das prägt die jungen Persönlichkeiten unweigerlich individuell und für ihr Verständnis von

Gesellschaft. Wenn's also eh geschieht, dann aber doch bitte nicht zufällig. Und so lange die Grundprinzipien der Schulordnung ausdrücklich auf Freiheit und Eigenverantwortung bauen, so lange ist kein Totalitarismus zu fürchten. Freiheit lässt sich nicht erzwingen.

Schulpflicht kann aber nun nicht einfach Bespaßung durch den Staatszirkus bedeuten. Schulpflicht geht über die bloße Anwesenheit im öffentlichen Unterrichtsangebot hinaus. Womit ich zu meinem zweiten Aspekt der Schulreform kommen will: Neben der Identitätsstiftung ist Schule der Ausdruck unseres gemeinschaftlichen Willens die Heranwachsenden und ihre Familien institutionell zu fördern, dass sie zum eigenständigen Broterwerb und zum eigenverantwortlichen Leben befähigt werden. Dieser Wille entstammt nicht einem sozialromantischen Gutmenschentum, sondern der klaren Einsicht, dass ein Gemeinwesen je mehr gedeihlich überleben wird, umso mehr seine Mitglieder arbeitsfähig und verantwortungsbereit für sich und ihr Umfeld sind. Die Schulpflicht verlangt also nicht nur Anwesenheit, sondern auch Bemühen. Den Schutz des Rudels gibt es nicht geschenkt, da muss sich jeder entsprechend seinen Fähigkeiten und Veranlagungen bemühen mitzutun. Bemühen ist die unterste Stufe der Herausforderung, das kann und muss jedem abverlangt werden.

Die Erziehung zur Freiheit bedeutet auch beizubringen, dass sich Freiheit nicht von selbst ergibt, sondern geschaffen und erhalten werden muss. Dass Freiheit immer Rechte und Pflichten beinhaltet. Der Staat ist ja nichts Abstraktes. Der Staat sind wir. Wenn also Schüler und Eltern keine Lust auf Schule haben, bezeugen sie damit ihre Gleichgültigkeit gegenüber dem Gemeinwesen. Zur Sicherung des Gemeinwohls hat die Gesellschaft dann nicht nur das Recht, sondern geradezu die Pflicht solches Verhalten zu sanktionieren. Im Klartext: Wer notorisch den Unterricht stört, die Schule schwänzt, seine Hausaufgaben nicht macht oder anderen Verpflichtungen nicht nachkommt, verwirkt zunehmend seine Teilhaberechte: von der Streichung des Kindergeldes gegebenenfalls bis zur Ausweisung. Das klingt vielleicht martialisch, aber einmal Hand aufs Herz, wie lange duldet man jemanden im Boot der trotz dauernder Gegenströmung nie mitrudert, obwohl er könnte?

Das ist in der Praxis sicher nicht so einfach nach rechtsstaatlichen Prinzipien zu installieren. Und es muss selbstverständlich die Verhältnismäßigkeit gewahrt bleiben. Wir sollten aber trotzdem anfangen klarzustellen, dass wir als Gesellschaft nicht länger gewillt sind, uns von ein paar Rotzlöffeln und ihren gleichgültigen Eltern verarschen zu lassen. Mitmenschen, die es von Anfang an darauf anlegen, den anderen lebenslang auf der Tasche zu liegen, sollten möglichst früh den Unwillen der Gesellschaft darüber zu spüren bekommen. Wenn wir Schmarotzertum nicht schon in jungen Jahren ahnden, brauchen wir uns später eigentlich gar nicht mehr darüber aufregen. Wie hätte es derjenige denn Lernen sollen, wenn den Worten nie Taten gefolgt waren.

Vorbilder wirken lassen

Ganz zum Schluss möchte ich noch jenseits der Schule kurz eine letzte Facette der Übung von Freiheit und Verantwortung ansprechen: die Förderung von Vorbildern. In der Erziehung von Kindern durch ihre Eltern ist das Vorbild der Eltern wahrscheinlich deren mächtigste Einflussmöglichkeit. Und genauso ist es in der sozialen Entwicklung eines Gemeinwesens. Die Tatendrängenden ziehen die anderen Zeitgenossen mit. Deswegen ist es für die Entwicklung einer freien Gesellschaft besonders wichtig, dass möglichst viele Verantwortungsbewusste zur Tat schreiten und dass das auch öffentlich ersichtlich wird: Unternehmer und Selbständige, ehrenamtliche Helfer, Gruppen- und Übungsleiter, Vereins- und Verbandsvorstände, Kommunalpolitiker und Träger von Bürgerinitiativen, Nachbarschaftshelfer und Menschen, die wie in funktionierenden Familien bereit sind, für andere Menschen Verantwortung zu übernehmen. Das alles sind Personenkreise, die wir prinzipiell als vorbildliche Staatsbürger behandeln sollten.

Sie alle müssen wir in unserer staatlichen Ordnung mit möglichst wenig Beschränkungen und Bürokratie belasten. Bei der gegebenen Regelungsdichte kann das in solchen Bereichen nur heißen, dass jede neue Gesetzesinitiative auf Reduzierung zielen muss: Mindestens für jeden neuen Paragrafen müssen zwei alte fallen. Es würde hier zu weit gehen und es fehlt mir der juristische Sachverstand, alle Rechtsfelder, von denen gesellschaftliche Verantwortungsträger betroffen sind, nach Erleichterungen durchzugehen. Sie brauchen aber nur mit Unternehmern, Vorständen, Familien et cetera reden, um zu spüren, welch enorme Spielräume zur Vereinfachung nach über 60 Jahren eifriger bundesrepublikanischer und inzwischen hauptsächlich europäischer Legislative vorhanden sind. Warum also nicht jetzt eine Regel einführen, dass die Regeln nicht mehr zunehmen dürfen. Es wäre gerade ein guter Zeitpunkt, das Leitbild eines schlanken Rechtsstaates zu entwerfen. Schlank ist sexy.

Paul Kirchhof hat sich jüngst mit einem umfassenden *Bundessteuergesetzbuch* von nur 146 Paragrafen auf

den Weg gemacht, die Vereinfachungsmöglichkeiten
eindrucksvoll vor Augen zu führen. 146 statt 33.000
Paragrafen, die zudem penibel durchgerechnet sind,
sodass bei den Steuereinnahmen von Experten keine
große Veränderung erwartet wird. 146 statt 33.000,
was für eine enorme Zunahme an fairer Behandlung
der Steuerpflichtigen wäre da allein schon durch die
neue Übersichtlichkeit zu schaffen. Jeder Bürger
hätte die Chance, das ganze Steuersystem seines
Vaterlandes zu begreifen – was heute nicht einmal
mehr den Steuerberatern und Finanzbeamten gelingt.
Es ist wirklich eine Schande, welch windige Reso-
nanz Kirchhofs Vorschlag in der Politik bewirken
konnte; nicht einmal bei einer Regierung, die eigentlich angetreten war mit den Versprechen von Steuer-
vereinfachung und -erleichterung. Zum Glück lässt
sich Kirchhof nicht beirren und zieht selbst durch
die Lande, um für seine Vorschläge zu werben. Ein
Vorbild.

Auch die Zusammenfassung des Arbeitsrechts zu
einem einzigen Arbeitsgesetzbuch sollte laut Eini-
gungsvertrag zur deutschen Einheit eigentlich *bald-*

möglichst erfolgen. Die Vereinheitlichung heißt zwar noch nicht unbedingt eine Vereinfachung, bietet aber wenigstens die Chance. Das gilt auch für die bundeseinheitliche Fassung des Umweltrechts, die 2009 vorläufig gescheitert war. All solche Überarbeitungen bieten den freiheitlich denkenden politischen Kräften Möglichkeiten, sich dafür einzusetzen, dass nicht überall jeder erdenkliche Einzelfall geregelt wird, sondern nach grundlegenden Normen gesucht wird. Etwas auf die Spitze getrieben, reicht zum Beispiel *Du sollst nicht stehlen!* vollkommen aus, um so vordergründig unterschiedliche Angelegenheiten wie den Urheberschutz, den Diebstahl an sich, die Steuerhinterziehung oder die Schwarzarbeit zu regeln.

Rat der Weisen

Regeln festsetzen, ist das eine, sich an Regeln zu halten das andere. Auch hier braucht es Vorbilder. Ohne Gesetzestreue ist eine freie Gesellschaft nicht machbar. Der Regelbruch ist das Zeichen von Anarchie oder Totalitarismus. In beiden Fällen herrscht keine Freiheit. Erst die Rechtsstaatlichkeit mit seiner allgemeinen Verbindlichkeit des Rechts ermöglicht das für eine Demokratie unerlässliche Urvertrauen in das Staatswesen. Wenn Regierungen sehenden Auges geltendes Recht brechen, zum Beispiel die Maastricht-Kriterien der europäischen Währungsunion oder die No-Bailout-Klausel, erschüttern sie die Grundfesten der Demokratie. Auf was wollte der demokratische Staatsbürger noch vertrauen, wenn schon die vereidigten Staatsorgane das Recht nach ihrem Gutdünken beugen. Es geht da gar nicht um die Regeln an sich und dass Regeln nicht geändert werden können. Es geht allein darum, dass Verträge zu halten sind, dass also geltendes Recht bedingungslos gilt.

Die Aufmerksamkeit für die überragende Rolle des Vertrauens in eine Demokratie verdanke ich ebenfalls Paul Kirchhof, womit wir wieder bei den Vorbildern wären. Und bei der Frage, wie wir den Vorbildern und Vordenkern unser Zeit eine Plattform schaffen können, dass sie mehr Aufmerksamkeit bekommen. Allein über die öffentliche Aufmerksamkeit entsteht ja ganz erheblicher politischer

Druck. Schon lange schwebt mir da so etwas wie ein *Rat der Weisen* vor, vielleicht sogar mehrere Räte entlang der vertikalen Gewaltenteilung von Bund, Ländern und Gemeinden. So wie ein Unternehmen einen Beirat installiert oder eine Stiftung ein Kuratorium, um Impulse jenseits des Alltagsbetriebes und von abgesetzter Warte zu bekommen, stelle ich mir das vor. Ein solcher *Rat der Weisen* wäre dementsprechend ohne irgendeine staatliche Macht ausgestattet, mit Ausnahme eines verbrieften Rechts zur öffentlichen Verlautbarung und zur öffentlichen Anhörung. Das heißt diesen Gremien wäre ausdrücklich jede aktive Ausübung in legislativen, exekutiven oder judikativen Staatsakten untersagt. Seine Wirkung entfaltet der *Rat der Weisen* ausschließlich über massenmediale Impulse an die Öffentlichkeit: Eine regelmäßige Kolumne in der Heimatzeitung, der regelmäßige Kommentar im Anschluss an die Hauptnachrichten der öffentlich-rechtlichen Fernsehanstalten – statt der Börsennachrichten kommen dann die Anmerkungen des *Rats der Weisen* zum politischen Geschehen vor der *Tagesschau* – entsprechendes im Radioprogramm und in den neuen Medien. Das muss alles gar nicht umfangreich sein, aber kontinuierlich. Steter Tropfen füllt die Hohlheit.

Berufen wird der *Rat der Weisen* ohne Nominierungen per Volksentscheid zusammen mit den jeweiligen Wahlen der Volksvertretungen. Jeder Wähler kann beliebige Namen auf seinen Wahlzettel schreiben. Wählbar ist jeder, der seinen Wohnsitz in der jeweiligen Gebietskörperschaft hat. Die Diskussion und Abstimmung der Ratsmitglieder erfolgt in der Regel elektronisch. Entsprechende Hard- und Software wird von der öffentlichen Hand bereitgestellt, genauso wie die Redaktionsarbeit zur Platzierung der Ergebnisse in den Medien. Für die Kommentare ist ein mehrheitlicher Konsens erforderlich. Es ist gute Gepflogenheit, dass Mindermeinungen nicht ausdrücklich als solche nebenher publiziert werden.

Das ist, wird mancher zu Recht einwenden, noch nicht zu Ende gedacht. Es ist vielleicht auch zu großspurig angelegt und würde eine erschlagende Bürokratie erzeugen. Auch bestünde die Gefahr, der Infiltration mächtiger Lobbygruppen. Das will ich alles nicht leugnen. Was ich hier aber gerne erreichen würde, ist, einen Denkprozess anzustoßen: Das Nachdenken darüber, wie Vorbilder unserer freiheitlich demokratischen Grundordnung größere öffentliche Wahrnehmung erlangen können, weil ich überzeugt bin, dass dann daraus unweigerlich handfeste Politik wird.

Selbstaufklärung

Wenn wir also nicht gegen wer weiß wen revoltieren wollen, müssen wir uns selbst darum kümmern, dass Philosophie praktisch wird. Dass wir uns selbst aufklären.

Moral statt sozial, *Freiheit statt Wohlfahrt* und *Üben* sind meine Hauptüberschriften für nötige Reformen mit jeweils noch viel Raum für Kreativität, um sie tatsächlich mit Leben zu erfüllen. Wahrscheinlich ist, wie gesagt, so mancher Detailvorschlag noch unausgegoren, und sicher gibt es noch viel Raum für große Ideen, wie wir dem schleichenden Gift der Unmündigkeit entkommen können.

Es wäre kokett, wenn ich jetzt behaupten würde, ich hätte nicht ein kleines Fünkchen Hoffnung, einmal als geistiger Vater einer konkreten Initiative der neuen Aufklärung zu gelten. Tatsächlich ist mir meine sehr bescheidene Einflusssphäre aber ganz bewusst. Was mir jedoch schon viel wert wäre, wenn ich dem einen oder anderen Leser an dieser Stelle nicht nur sein Unbehagen bestätigt hätte, dass gerade einiges ganz schön den Bach runtergeht. Sondern dass ich vielleicht auch etwas Hoffnung machen konnte, dass es sich lohnt nicht zu resignieren, weil da durchaus noch Lösungsansätze denkbar sind. Fragen Sie mich nicht, ob es darunter wirklich praktikable gibt. Aber nur zuschauen und grübeln wird auch nichts nützen. *Nicht geschossen, ist sicher gefehlt!* pflegt mein Onkel zu sagen.

Gerd Maas
Söchtenau/Schönhausen, November 2012

Aus den Sudelbüchern
des Georg Christoph Lichtenberg

Vorrede

Dieses Buch dessen Verfasser ich selbst bin habe ich aus kleinen Betrachtungen zusammengesetzt, die größtenteils an Orten gemacht worden sind, wo sie sonst selten gemacht werden. Ich habe sie ohne Neid gegen irgendeine lebendige Seele aufgesetzt, wenn ich mich hier oder da über jemanden aufhalte, so kann sich der Leser nur zufrieden geben, ich bin es selbst und es dient ihm zur Nachricht dass ich mich schon längst wieder mit mir abgefunden habe. Ich kann mich nicht besinnen, dass ich jemanden nachgeahmt hätte. Nicht Kästnern, nicht Wielanden, nicht Sternen, Shakespearen auch nicht, die einzigen Schriftsteller, die ich einmal beneiden will wenn sich mein Temperament zu meinen Schaden ändert und die ich nachahmen werde wenn meine Talente zu meinen Vorteil umschlagen. [...] Höre, du bist ein Mensch, so gut als

Newton, oder der Amtmann oder der Superinten-
dent, deine Empfindungen, treulich und so gut als du
kannst in Worte gebracht, gelten auch im Rat der
Menschen über Irrtum und Wahrheit. Habe Mut zu
denken, nehme Besitz von deiner Stelle!

[1768–1771]

*Die größten Dinge in der Welt werden durch andere zuwege
gebracht, die wir nichts achten, kleine Ursachen, die wir über-
sehen, und die sich endlich häufen.*

[1765–1770]

*Am 4ten Julii 1765 lag ich an einem Tag, wo immer heller
Himmel mit Wolken abwechselte, mit meinem Buche auf dem
Bette, so dass ich die Buchstaben ganz deutlich erkennen
konnte, auf einmal drehte sich die Hand, worin ich das Buch
hielt, unvermutet, ohne dass ich etwas verspürte, und weil*

dadurch mir einiges Licht entzogen wurde, so schloss ich es
müsste eine dicke Wolke vor die Sonne getreten sein, und alles
schien mir düster, da sich doch nichts von Licht in der Stube
verloren hatte. So sind oft unsere Schlüsse beschaffen, wir
suchen Gründe in der Ferne, die oft in uns selbst ganz nahe
liegen.

[1765–1770]

Debitum naturae reddere heißt auf lateinisch gemeiniglich
sterben. O es könnte noch mehr heißen! Viele Schwachheiten
die wir begehen sind Schulden, die wir der Natur bezahlen.

[1765–1770]

Weiser werden heißt immer mehr und mehr die Fehler kennen
lernen, denen dieses Instrument, womit wir empfinden und
urteilen, unterworfen sein kann. Vorsichtigkeit im Urteilen ist
was heutzutage allen und jeden zu empfehlen ist. Gewönnen

wir alle 10 Jahre nur eine *unstreitige Wahrheit von jedem philosophischen Schriftsteller, so wäre unsere Ernte immer reich genug.*

[1765–1770]

Die Welt ist ein allen Menschen gemeiner Körper, Veränderungen in ihr bringen Veränderung in der Seele aller Menschen vor die just diesem Teil zugekehrt sind.

[1765–1770]

Man muss sich die Menschen nach ihrer Art verbindlich machen, nicht nach der unserigen.

[1765–1771]

*Erst die natürlichen Betrachtungen gemacht ehe die subtilen
kommen, und immer vor allen Dingen erst versucht ob etwas
ganz simpel und natürlich erklärt werden könne.*

[1765–1771]

*Gott schuf den Menschen nach seinem Bilde, das heißt vermut-
lich der Mensch schuf Gott nach dem seinigen.*

[1773–1775]

*Man soll öfters dasjenige untersuchen was von den Menschen
meist vergessen wird, wo sie nicht hinsehen, und was so sehr
als bekannt angenommen wird, dass es keiner Untersuchung
mehr wert geachtet wird.*

[1765–1771]

*Wenn er seinen Verstand gebrauchen sollte, so war es ihm als
wenn jemand, der beständig seine rechte Hand gebraucht hat,
etwas mit der linken tun soll.*

[1768–1771]

Er hatte zu nichts Appetit und aß doch von allem.

[1768–1771]

*Der Mann zu sein, der so absolut in Deutschland herrschen
könnte wie ich auf meinem Schreibtische, wünsche ich mir nie,
ich würde gewiss nur Tintenfässer umwerfen, und durch Auf-
räumen die Sachen nur noch mehr verwirren.*

[1768–1771]

*Es gibt zwei Wege das Leben zu verlängern, erstlich dass
man die beiden Punkte geboren und gestorben weiter von*

einander bringt und also den Weg länger macht, diesen Weg
länger zu machen hat man so viele Maschinen und Dinge
erfunden, dass man wenn man sie allein sähe unmöglich glauben könnte, dass sie dazu dienen könnten einen Weg länger
zu machen, in diesem Fache haben einige unter den Ärzten
sehr viel geleistet. Die andere Art ist, dass man langsamer
geht und die beiden Punkte stehn lässt, wo Gott will, und
dieses gehört für die Philosophen, diese haben nun gefunden,
dass es am besten ist dass man zugleich botanisieren geht,
zickzack, hier versucht über einen Graben zu springen und
dann wieder herüber, wo es rein ist, und es niemand sieht,
einen Purzelbaum wagt und so fort.

[1768–1771]

*Was einem das Liegen auf dem rechten Ellenbogen ist, nach-
dem man eine Stunde auf dem linken gelegen.*

[1772–1773]

Jeder Mensch hat auch seine moralische backside, die er nicht ohne Not zeigt, und die er so lange als möglich mit den Hosen des guten Anstandes zudeckt.

[1768–1771]

Den jetzigen Menschen kann man sich als aus zween zusammengesetzt vorstellen, dem natürlichen Menschen und dem künstlichen, wovon der eine nach den ewigen Gesetzten der Natur und der andere nach den veränderlichen des Costume sich ändert. Bei der Schilderung des Menschen muss man hauptsächlich darauf sehen den einen von dem andern zu unterscheiden. Zum natürlichen Charakter rechne ich die Hauptstriche des Charakters der Konturen, bedächtlich, schwermütig, still, lustig, Geck, Bemerker, Wahrheiten selbst erfunden, anderer ihre Eigenmacht verfließen gemacht in das eigene System von Gesinnungen, der künstliche Mensch alles bloß Angeklebte, Gelernte, es sei ein Kompliment oder eine

*große philosophische Wahrheit, alles Erzwungene, Eau de
Lavende und rote Absätze u. s. w.*

[1768–1771]

*Ich gehe zuweilen in 8 Tagen nicht aus dem Hause und lebe
sehr vergnügt, ein ebenso langer Haus-Rest auf Befehl würde
mich in eine Krankheit werfen. Wo Freiheit zu denken ist, da
bewegt man sich mit einer Leichtigkeit in seinem Zirkel, wo
Gedanken-Zwang ist, da kommen auch die erlaubten mit
einer scheuen Miene hervor.*

[1768–1771]

Rede eines Selbstmörders kurz vor der Tat aufgesetzt.

*Freunde! Ich stehe jetzo vor der Decke im Begriff sie aufzu-
ziehen, um zu sehen ob es hinter derselben ruhiger sein wird
als hier. Es ist dieses keine Anwandlung einer tollen Ver-*

zweiflung, ich kenne die Kette meiner Tage aus den wenigen
Gliedern die ich gelebt habe zu wohl. Ich bin müde weiter zu
gehen, hier will ich ganz ersterben oder doch wenigstens über
Nacht bleiben. Hier nimm meinen Stoff wieder, Natur, knete
ihn in die Masse der Wesen wieder ein, mache einen Busch,
eine Wolke, alles was du willst aus mir, auch einen Menschen,
aber mich nicht mehr. Dank sei es der Philosophie, dass mich
jetzo keine fromme Possen in dem Zug meiner Gedanken
stören. Genug ich denke, ich fürchte nichts, gut, also weg mit
dem Vorhang! - -

[1768–1771]

Ihr Unterrock war rot und blau sehr breit gestreift und sah
aus, als wenn er aus einem Theater-Vorhang gemacht wäre.
Ich hätte für den ersten Platz viel gegeben, aber es wurde nicht
gespielt.

[1768–1771]

Jedermann kennt das Vergnügen und die angenehme Sicherheit mit welcher man in neuen Strümpfen ausgeht, wenn die vorhergehenden schon öfters geflickt worden, und dennoch zuweilen die Aufmerksamkeit der Leute durch ein Loch auf sich gezogen haben.

[1768–1771]

Nimm dich in acht, dass meine Geduld nicht über deiner Langsamkeit abläuft. Auf meine Ehre, ich ziehe sie deinetwegen nicht noch einmal auf.

[1768–1771]

[...] Der Gedanke, dass es so außerordentlich leicht ist schlecht zu schreiben, hat mich daher oft beschäftigt. Ich meine nicht dass es leicht sei etwas Schlechtes zu schreiben, das man selbst für schlecht hält, nein sondern dass es so leicht ist etwas Schlechtes zu schreiben, das man für sehr schön hält, hierin

liegt das Demütigende. Ich zeichne eine gerade Linie und die ganze Welt sagt, das ist eine krumme, ich zeichne noch eine, diese wird gewiss grade sein, und man sagt gar, O diese ist noch krümmer. Was ist da zu tun? Das Beste ist keine gerade Linien mehr gezeichnet und dafür anderer Leute gerade Linien betrachtet, oder selbst nachgedacht.

[1768–1771]

Lernen sich selbst zu prüfen und zu belehren, hat so viele Bequemlichkeit und ist nicht so gefährlich als sich selbst zu rasieren, jedermann sollte es in einem gewissen Altern lernen, aus Furcht irgendeinmal der Raub eines übelgeführten Schermessers zu werden.

[1768–1771]

Ich habe eine Menge kleiner Gedanken und Entwürfe zusammengeschrieben, sie erwarten aber nicht sowohl noch die

*letzte Hand, als vielmehr noch einige Sonnenblicke, die sie
zum Aufgehen bringen.*

[1768–1771]

*Es ist eine Frage, welches schwerer ist, zu denken oder nicht
zu denken. Der Mensch denkt aus Trieb, und wer weiß nicht
wie schwer es ist einen Trieb zu unterdrücken. Die kleinen
Geister verdienen also wirklich die Verachtung nicht mit der
man [ihnen] nun in allen Landen zu begegnen anfängt.*

[1768–1771]

*Hätte die Natur nicht gewollt dass der Kopf den Forderungen
des Unterleibes Gehör geben sollte, was hätte sie nötig gehabt
den Kopf an einen Unterleib anzuschließen. Dieser hätte sich
ohne eigentlich dasjenige zu tun was man Sünde nennt satt
essen und sich satt paaren und jener ohne diesen Systeme
schmieden, abstrahieren und ohne Wein und Liebe von plato-*

nischen Räuschen und platonischen Entzückungen reden und singen und schwatzen können. Küsse vergiften ist noch weit ärger von der Natur gehandelt, als das Vergiften der Pfeile der Feinde im Krieg.

[1768–1771]

Ihr, die ihr dieses entweder als Päckchen oder als Packpapier von eurem Buchhändler erhalten werdet.

[1768–1771]

Ich wünschte mir bloß ein König zu sein um mit meinen geringen Talenten L der Große [zu] heißen.

[1768–1771]

Man gibt oft Regeln über Dinge, wo sie unstreitig mehr Schaden als Nutzen bringen. Was ich hier meine will ich mit

einem Artikel aus der Feuer-Ordnung erläutern. Anwendung
wird sich jeder in seinen Wissenschaften zu machen wissen:
Wenn ein Haus brennt, so muss man vor allen Dingen die
rechte Wand des zur Linken stehenden Hauses und hingegen
die linke Wand des zur Rechten stehenden Hauses zu decken
suchen. Die Ursache ist leicht einzusehen, denn wenn man
zum Exempel die linke Wand des zur Linken stehenden
Hauses decken wollte, so liegt ja die rechte Wand des Hauses
der linken Wand zur Rechten und folglich, weil das Feuer
auch dieser Wand und der rechten Wand zur Rechten liegt,
(denn wir haben ja angenommen, dass das Haus dem Feuer
zur Linken liege), so liegt die rechte Wand dem Feuer näher
als die linke, das ist die rechte Wand des Hauses könnte
wegbrennen wenn sie nicht gedeckt würde, ehe die linke die
man deckt wegbrennte, folglich konnte etwas wegbrennen das
man nicht deckt und zwar eher ehe etwas anderes wegbrennen
würde auch wenn man es nicht deckte, folglich muss man
dieses lassen und jenes decken. Um sich die Sache zu impri-
mieren darf man nur bemerken, wenn das Haus dem Feuer

*zur Rechten liegt, so ist es die linke Wand, und liegt das
Haus zur Linken, die rechte Hand.*

[1768–1771]

*Die Sand-Uhren erinnern nicht bloß an die schnelle Flucht
der Zeit, sondern auch zugleich an den Staub in welchen wir
einst verfallen werden.*

[1772–1773]

*Ein Grab ist doch immer die beste Befestigung wider die
Stürme des Schicksals.*

[1773–1775]

*In der Tat war dieses sonderbar, aber mich dünkt, du han-
delst sonderbar ohne sonderbar zu sein. Höre, lass dich in
kein Spiel ein mit dir selbst, du gewinnst dir doch nichts ab.*

*Ich mag gern sehen, wenn man immer ist was man sein kann,
was hilft es dich wenn du auch den gegenwärtigen Augenblick
etwas weismachst, worüber dich der nächste Lügen straft.*

[1768–1771]

*Wie geht's, sagte ein Blinder zu einem Lahmen. Wie Sie
sehen, antwortete der Lahme.*

[1775–1776]

*Ein gewisser Freund den ich kannte pflegte seinen Leib in drei
Etagen zu teilen, den Kopf, die Brust und den Unterleib, und
er wünschte öfters, dass sich die Hausleute der obersten und
der untersten Etage besser vertragen könnten.*

[1768–1771]

An Herrn Ljungberg schrieb ich
am 2. Decembris 1770:

*[...] Mich schrecken keine Träume, Hamlet sage was er
wolle, ich rechne es für keinen geringen Trost bei der Betrach-
tung der menschlichen Trübsale, dass das Lot Pulver kaum 4
Pfennig kostet. Zu leben, wenn man nicht will, ist abscheulich,
aber noch entsetzlicher wäre es unsterblich zu sein, wenn man
nicht wollte. So aber hängt ja die ganze erschreckliche Last an
mir vermittelst eines Fadens, den ich mit einem Groschenmes-
ser entzwei schneiden kann.*

[1768–1771]

*Lieber Freund, du kleidest deine Gedanken so sonderbar,
dass sie nicht mehr aussehen wie Gedanken. Sage mir ob
dieser nicht seltsam gekleidet ist und du sollst alle die meinigen
nackend sehen ehe sie noch meine Sinnen mit ihrer Livree
bedecken. Es ist eine Schande, die meisten unserer Wörter
sind missbrauchte Werkzeuge, die oft noch nach dem Schmutz*

riechen, in dem sie die vorigen Besitzer entweihten. Ich will mit neuen arbeiten, oder ohne so viel Luft dazu zu brauchen, als ein Sommervogel aussumst, nur mit mir selbst in alle Ewigkeit sprechen.

[1768–1771]

Es kann nicht alles ganz richtig sein in der Welt weil die Menschen noch mit Betrügereien regiert werden müssen.

[1768–1771]

Keiner wird in die Gesellschaft aufgenommen, als nachdem er alle harte Proben ausgestanden und tüchtig geworden ist Hunger und Durst zu leiden, sich von großen Ameisen, Wespen, Fliegen und anderm Ungeziefer auf das heftigste stechen und sich an verschiedenen Stellen Schnitte in den Leib machen zu lassen; kurz die empfindlichsten Schmerzen mit der größten

Standhaftigkeit und Geduld zu ertragen. Das ist doch mehr als das Magister werden bei uns.

[1772–1773]

Bei mir liegt das Herz dem Kopf wenigstens um einen ganzen Schuh näher als bei den übrigen Menschen, daher meine große Billigkeit. Die Entschlüsse können noch ganz warm ratifiziert werden.

[1772–1773]

Ich will dir keinen Schatten machen kleines Tierchen (es war eine Spinne), die Sonne gehört dir so gut als mir.

[1772–1773]

Es gibt 100 Witzige gegen einen der Verstand hat, ist ein wahrer Satz, womit sich mancher witzlose Dummkopf beru-

*higt, der bedenken sollte, wenn das nicht zuviel von einem
Dummkopf gefordert heißt, dass es wieder 100 Leute, die
weder Witz noch Verstand haben, gegen einen gebe, der Witz
hat.*

[1772–1773]

*Es gibt eine Art Vögelchen, die in die dicksten hohlen Bäume
Löcher hacken, sie trauen ihren Schnäbeln so viel Kraft zu,
dass sie allemal nach jedem Hieb auf die entgegengesetzte Seite
des Baumes gehen sollen um zu sehen, ob der Streich nicht
durch und durch gegangen sei.*

[1772–1773]

*Es war ihm unmöglich die Wörter nicht in dem Besitz ihrer
Bedeutungen zu stören.*

[1772–1773]

[…] Aber ist es nicht schändlich dass Vernunft bei dem Aberglauben um Beifall betteln gehn soll? Es ist eine Schande dass Menschen etwas, wovon sie nicht gleich den Grund angeben können durch den unerlaubtesten Machtspruch für Wirkungen der Gespenster ausgeben. Was ist den endlich ein Gespenst? Der Aberglaube antwortet: ein Geschöpf das um Mitternacht herumkriecht die Menschen zu erschrecken; und die Vernunft: ein Ding das mir 100mal unbegreiflicher ist, als alles unerklärte Rumpeln und Poltern der ganzen Welt. […]

[1772–1773]

Du fragst mich Freund welches besser ist, von einem bösen Gewissen genagt zu werden oder ganz ruhig am Galgen zu hängen?

[1772–1773]

Ich kann es wohl begreifen aber nicht anfassen *und umge-*
kehrt.

[1772–1773]

Was geht es dich an was der Grund dieser guten Tat bei
diesem Manne gewesen sein mag? Wenn auch nicht Neid die
Quelle der Tat gewesen ist, so kann es doch das Vergnügen,
beneidet zu werden, sein. Nicht der eigne Neid also, sondern
der Neid andrer. Z. U.

[1772–1773]

So närrisch als es dem Krebse vorkommen muss wenn er den
Menschen vorwärts gehen sieht.

[1772–1773]

Eine affektierte Ernsthaftigkeit, die sich endlich in einer moralischen Lähmung der Gesichtsmuskeln endigt.

[1773–1775]

Was die Spannung der Triebfedern in uns am meisten hemmt, ist andere Leute im Besitz des Ruhms zu sehen, von deren Unwürdigkeit man überzeugt ist.

[1773–1775]

Zwei Absichten muss man bei der Lektüre beständig vor Augen haben, wenn sie vernünftig sein soll. Einmal die Sachen zu behalten und sie mit seinem System zu vereinigen, und dann vornehmlich, sich die Art eigen zu machen, wie jene Leute die Sachen angesehen haben, das ist die Ursache warum man jedermann warnen soll keine Bücher von Stümpern zu lesen, zumal wenn sie ihre Räsonnements einmischen, man kann Sachen aus ihren Kompilationen lernen, allein was einem Philosophen ebenso wichtig, wo nicht wichtiger ist, seiner Denkungs-Art eine gute Form zu geben lernt er nicht.

[1773–1775]

Man könnte eine Diätetik schreiben für die Gesundheit des Verstandes.

[1773–1775]

Ob ein Mann, der schreibt, gut oder schlecht schreibt, ist gleich ausgemacht, ob aber einer, der nichts schreibt und stille sitzt, aus Vernunft oder aus Unwissenheit stille sitzt, kann kein Sterblicher ausmachen.

[1773–1775]

Dass der Mensch das edelste Geschöpf sei lässt sich auch schon daraus abnehmen, dass es ihm noch kein anderes Geschöpf widersprochen hat.

[1773–1775]

Man muss nie denken, dieser Satz ist mir zu schwer, der gehört für die großen Gelehrten, ich will mich mit den andern hier beschäftigen, diese ist eine Schwachheit die leicht in eine völlige Untätigkeit ausarten kann. Man muss sich für nichts zu gering halten.

[1773–1775]

In den glückseligen Zeiten der Barbarei, da hatte man doch noch Hoffnung, einmal mit der Zeit ein guter Christ zu werden. Man durfte nur regelmäßig in die Kirche gehen und dem lieben Gott von allem was er einem gab wieder etwas zurückgeben, dessen Besorgung noch dazu die Geistlichkeit über-

102

nahm. Aber heutzutag ist es kaum mehr möglich, diesen Titel
zu erlangen.

[1775–1776]

Dass man seine Gegner mit gedruckten Gründen überzeugen
kann, habe ich schon seit dem Jahr 1764 nicht mehr geglaubt.
Ich habe auch deswegen die Feder gar nicht angesetzt, sondern
bloß um sie zu ärgern, und denen von unserer Seite Mut und
Stärke zu geben und den andern zu erkennen zu geben, dass
sie uns nicht überzeugt haben.

[1775–1776]

Bei manchem Werke eines berühmten Mannes möchte ich
lieber lesen, was er weggestrichen hat, als was er hat stehen
lassen. Belehrung findet man öfters in der Welt als Trost.

[1779–1788]

Hüte dich, dass du nicht durch Zufälle in eine Stelle kommst, der du nicht gewachsen bist, damit du nicht scheinen musst was du nicht bist, nichts ist gefährlicher und stört alle innere Ruhe mehr, ja ist aller Rechtschaffenheit mehr nachteilig als dieses, und endigt gemeiniglich mit einem gänzlichen Verlust des Kredits.

[1775–1776]

Es gibt Leute, die glauben, alles wäre vernünftig, was man mit einem ernsthaften Gesicht tut.

[1775–1776]

Sagt, ist noch ein Land außer Deutschland, wo man die Nase eher rümpfen lernt als putzen?

[1775–1776]

*Unter meine Charaktere im Parakletor kann auch noch
folgender aufgenommen werden: die Superfeinen, die ohne
eigentliche Geistesstärke große Männer werden wollen und sich
bei aller Gelegenheit selbst anstoßen und erinnern eine feine
Bemerkung zu machen, und eben wegen der beständigen höchst
unnatürlichen Spannung immer das Falsche bemerken, und
auf künstliche Erklärungen verfallen.*

[1775–1776]

*Die Handlungen eines Menschen, die Beschaffenheit seines
Hauswesens sind gemeiniglich Fortsätze seiner innern Beschaf-
fenheit, seines Gehirns pp. So wie der Magnet dem Eisenstaub
Form und Ordnung gibt.*

[1775–1776]

So wie man den Heiligen eine Nulle über den Kopf malt.

[1776–1780]

So zeigt sich das Künftige denen am klarsten, die schon über 9/10 im Vergangnen stecken. Alten Weibern.

[1775–1776]

Die Enthusiasten, die ich gekannt habe, haben alle den entsetzlichen Fehler gehabt, dass sie bei dem geringsten Funken der auf sie fällt allemal wie ein lange vorbereitetes Feuerwerk abbrennen. Immer in derselben Form und immer mit demselben Getöse, da bei dem vernünftigen Mann die Empfindung immer dem Eindruck proportioniert ist. Der leichtsinnige räsoniert nach dem ersten Eindruck kaltsinnig fort, da der vernünftige Mann immer einmal umkehrt und sieht was der Instinkt dazu sagt.

[1775–1776]

Der Mensch sucht Freiheit, wo sie ihn unglücklich machen würde, im politischen Leben, und verwirft sie, wo sie ihn

*glücklich macht, und hängt anderer Meinung blindlings an.
Der religiöse und System-Despotismus ist der fürchterlichste
unter allen. Der Engländer, der wider das Ministerium
schimpft, ist ein Sklave der Opposition, ein Sklave der Mode,
alberner Gebräuche, [der] Etikette.*

[1776–1780]

*Ein Buch ist ein Spiegel, wenn ein Affe hineinsieht, so kann
kein Apostel herausgucken.*

[1776–1780]

*Man geht heutzutage unter uns im Studio der Naturhistorie
zu weit, die meisten lernen nur was andere gewusst haben,
ohne so weit zu kommen selbst etwas zu sehen. [...]*

[1776–1780]

Ich denke wenn man etwas in die Luft bauen will, so sind es immer besser Schlösser als Kartenhäuser.

[1776–1780]

Das heißt man soll mit dem Licht der Wahrheit leuchten, ohne einem den Bart zu sengen.

[1776–1780]

Seitdem man Wissenschaft zu nennen beliebt, anderer törichte Meinungen zu kennen, die man vielleicht aus einer einzigen Formel nach den Regeln einer ganz mechanischen Erfindungskunst herleiten könnte, und sich überall durch Mode, Gewohnheit, Ansehen und Interesse leiten lässt, ist dem Menschen die Lebens-Zeit zu kurz geworden.

[1776–1780]

Wenn man die Menschen lehrt wie *sie denken sollen und
nicht ewig hin,* was *sie denken sollen: so wird auch dem Miss-
verständnis vorgebeugt. Es ist eine Art von Einweihung in die
Mysteria der Menschheit. Wer im eignen Denken auf einen
sonderbaren Satz stößt, kommt auch wohl wieder davon ab,
wenn er falsch ist. Ein sonderbarer Satz hingegen, der von
einem Mann von Ansehen gelehrt wird, kann Tausende, die
nicht untersuchen, irreführen. Man kann nicht vorsichtig
genug sein in Bekanntmachungen eigner Meinungen, die auf
Leben und Glückseligkeit hinaus laufen, hingegen nicht emsig
genug, Menschen-Verstand und Zweifel einzuschärfen. Hieher
gehört die auf der gegenüberstehenden Seite angeführte Sentenz
every man's reason is every man's oracle.*

[1776–1780]

*Zweifel muss nichts weiter sein als Wachsamkeit, sonst kann
er gefährlich werden.*

[1776–1780]

Die Naturkündiger der vorigen Zeit wussten weniger als wir, und glaubten sich sehr nahe am Ziel: wir haben sehr große Schritte darauf zu getan und finden nun, dass wir noch sehr weit ab sind. Bei den vernünftigsten Weltweisen nimmt die Überzeugung von ihrer Unwissenheit zugleich mit ihrem Wachstum an Erkenntnis zu.

[1776–1780]

Es gibt Leute von unschädlicher Gemütsart, aber doch dabei eitel, die immer von ihrer Ehrlichkeit reden, und die Sache fast wie eine Profession treiben, und mit einer so prahlenden Bescheidenheit von ihrem Verdienst zu wimmern wissen, dass einem die Geduld über den immer mahnenden Gläubiger ausgeht.

[1776–1780]

Alle Unparteilichkeit ist artifiziell. Der Mensch ist immer parteiisch und tut sehr recht daran. Selbst Unparteilichkeit ist parteiisch. Er war von der Partei der Unparteiischen.

[1776–1780]

Dessen, was wir mit Gefühl beurteilen können, ist sehr wenig und simpel, das andere ist alles Vorurteil und Gefälligkeit.

[1776–1780]

Von dem, was der Mensch sein sollte, wissen auch die Besten nicht viel Zuverlässiges, von dem, was er ist, kann man aus jedem etwas lernen.

[1776–1780]

Das viele Lesen hat uns eine gelehrte Barbarei zugezogen.

[1776–1780]

Ich empfehle Träume nochmals; wir leben und empfinden so gut im Traum als im Wachen und sind jenes so gut als dieses, es gehört mit unter die Vorzüge des Menschen, dass er träumt und es weiß. Man hat schwerlich noch den rechten Gebrauch davon gemacht. Der Traum ist ein Leben, das, mit unserm übrigen zusammengesetzt, das wird, was wir menschliches Leben nennen. Die Träume verlieren sich in unser Wachen allmählich herein, man kann nicht sagen, wo das Wachen eines Menschen anfängt.

[1776–1780]

Dass ich etwas, ehe ich es glaube, erst durch meine Vernunft laufen lasse ist mir nicht ein Haar wunderbarer, als dass ich erst etwas im Vorhof meiner Kehle kaue, ehe ich es hinunter schlucke. Es ist sonderbar so etwas zu sagen, und für unsere Zeiten zu hell, aber ich fürchte es ist für 200 Jahr, von hier ab gerechnet, zu dunkel.

[1776–1780]

Solange jemand in die Ewigkeit hinaus schaut und mir Dinge im Himmel liest die ich nicht sehe, so schweige ich deswegen still, weil er mir auch glauben müsste, wenn ich ihm wiederum meine Weissagungen abläse. Allein wenn wir Blick in diese Welt tun, da hat bei verschiedener Meinung nur einer recht oder beide unrecht. Wir haben alle auf die 4 Syllogismen geschworen, den Supremats-Eid der Logik abgelegt.

[1776–1780]

Die Menschen nehmen nicht gern das Los No. 1 in einer Lotterie. Nimm's ruft die Vernunft laut, es kann so gut die 12000 Taler gewinnen als irgendein anderes; nimm's um aller Welt willen nicht, wispert ein Je ne sais quoi, man hat kein Exempel dass solche kleinen Zahlen vor großen Gewinnsten stehen, und es wird auch nicht genommen.

[1776–1780]

Einer deutet alle unbestimmte Spöttereien auf sich selbst, und denkt sie hätten ihn heimlich im Sinn gehabt.

[1776–1780]

Ein physikalischer Versuch der knallt ist allemal mehr wert als ein stiller, man kann also den Himmel nicht genug bitten, [dass] wenn er einen etwas will erfinden lassen es etwas sein möge das knallt; es schallt in die Ewigkeit.

[1776–1780]

[…] Der Neid und die Spötterei anderer, die hier und da etwas mehr wissen, ist unerträglich. Wie selig lebte ich damals! Jetzt, da alles, was ich tue, beobachtet wird; und von manchem, der nicht die Hälfte von mir wert ist, und eine bloß auswendig gelernte Bemerkung meinem ursprünglichen Bestreben entgegensetzt, werde ich ausgelacht. Man sollte doch unter-

scheiden lernen, zwischen dem, was ein Mann selbst gedacht
hat, und dem, was einer abschreibt.

[1779–1788]

Sachen, die man mit dem Zirkel geteilt hat, unterwirft man
doch auch dem Augenmaß, um zu sehen, ob man nicht grobe
Fehler begangen. So muss man das Resultat seiner Schlüsse
der Probe des gesunden Menschenverstandes aussetzen, um zu
sehen, ob alles richtig zusammenhängt.

[1779–1788]

Wer in sich selbst verliebt ist, hat wenigstens bei seiner Liebe
den Vorteil, dass er nicht viele Nebenbuhler erhalten wird.

[1779–1788]

Wenn ich je eine Predigt drucken lasse, so ist es über das
Vermögen Gutes zu tun, *das jeder besitzt. Der Henker
hole unser Dasein hienieden, wenn nur der Kaiser Gutes tun
könnte. Jeder ist ein Kaiser in seiner Lage.*

[1779–1788]

*Man muss keinem Menschen trauen, der bei seinen Versiche-
rungen die Hand auf das Herz legt.*

[1779–1788]

*In den ganz alten Werken der Bibel, in griechischen und
lateinischen Schriftstellern findet man eine Menge von Tugend-
lehren, so viele seelenstärkende Sentenzen, die von den erleuch-
tetsten Köpfen aus der Erfahrung gesammelt, und mit dem
Zug einer ganzen Lebensbahn verglichen, endlich in diesen
Schatz niedergelegt worden sind. Im Salomo stehen eine Menge
vortrefflicher Lehren, die wo nicht von ihm sind – Eingebun-*

116

gen; vielleicht Hefte, die ihm seine Lehrmeister diktiert haben. Eben dieser Verstand der Alten, die Gabe, die sie haben, einem Beobachter seiner selbst ins Herz zu reden, ist es, was mir die Lesung der Bibel so angenehm macht. Es sind die Grundzüge zu einer Weltkenntnis und Philosophie des Lebens, und die feinste Bemerkung der Neuern ist gemeiniglich nichts als eine mehr individualisierte Bemerkung jener Alten.

[1779–1788]

Sie ist zwar noch nicht verheiratet, hat aber promoviert.

[1779–1788]

Wie glücklich würde mancher leben, wenn er sich um anderer Leute Sachen so wenig bekümmerte, als um seine eigenen.

[1779–1788]

Es ist wahr, alle Menschen schieben auf, und bereuen den Aufschub. Ich glaube aber, auch der Tätigste findet so viel zu bereuen, als der Faulste; denn wer mehr tut, sieht auch mehr und deutlicher, was hätte getan werden können.

[1779–1788]

Ein Volk kann in seinen Schriften vernünftiger scheinen, als es ist, denn es kann noch lange die Sprache seiner Väter schreiben, wenn ihm schon ihr Geist zu mangeln anfängt. Die Metaphern in unserer Sprache entstanden alle durch Witz, und jetzt gebraucht sie der Unwitzigste. Die Morgenländer denken bei ihren vielen Bildern nicht mehr als wir. So fassen auch oft Leute das Äußere der Sitten rechtschaffener Leute, ohne dass sie es wissen. Die bilderreichste Sprache muss mit der Zeit das Bildliche verlieren, und bloß zu Zeichen erkalten, die den willkürlichen nahe kommen. So kann Sprachkenntnis sehr nützlich werden.

[1779–1788]

*Das Buch, das in der Welt am ersten verboten zu werden
verdiente, wäre ein Katalogus von verbotenen Büchern.*

[1779–1788]

*Die schönen Weiber werden heutzutage mit unter die Talente
ihrer Männer gerechnet.*

[1779–1788]

*Bei Prophezeiungen ist der Ausleger oft ein wichtigerer Mann
als der Prophet.*

[1779–1788]

*Der Amerikaner, der den Kolumbus zuerst entdeckte, machte
eine böse Entdeckung.*

[1779–1788]

*Ein Kerl, der einmal seine 100.000 Taler gestohlen hat,
kann hernach ehrlich durch die Welt kommen.*

[1779–1788]

*Das Höchste wozu sich ein schwacher Kopf von Erfahrungen
erheben kann, ist die Fertigkeit die Schwächen besserer Menschen auszufinden.*

[1789–1793]

*Ich vergesse das meiste was ich gelesen habe, so wie das, was
ich gegessen habe, ich weiß aber so viel, beides trägt nichts desto
weniger zu Erhaltung meines Geistes und meines Leibes bei.*

[1789–1793]

Der Deutsche holt bei Beschreibungen psychologischer Dinge vieles vom Fallen, es fällt mir ein, *es ist mir* entfallen, *es ist mir* aufgefallen. *Zufall, casus accidit. Beifall.*

[1789–1793]

Der Mann machte sehr viel Wind. B. O nein! Wenn es noch Wind gewesen wäre, es war aber mehr ein wehendes Vacuum.

[1789–1793]

Noch eine neue Religion einzuführen die die Wirksamkeit der christlichen haben sollte ist wohl unmöglich, deswegen bleibe man dabei und suche lieber darauf zu tragen, und gewiss sind auch die Ausdrücke Christi so beschaffen, dass man solange die Welt steht das Beste wird hinein tragen können.

[1789–1793]

121

Offenbarung macht nicht, dass ich eine Sache begreife, sondern dass ich sie, wenn sie Autorität hat, begreife. Aber welche Autorität kann mir etwas aufdringen zu glauben, das meiner Vernunft widerspricht? Gottes Wort allein. Aber haben wir denn ein Wort Gottes außer der Vernunft? Gewiss nicht. Denn dass die Bibel Gottes Wort ist, das haben Menschen gesagt, und Menschen können kein anderes Wort Gottes kennen, als die Vernunft.

[1789–1793]

Wie sind wohl die Menschen zu dem Begriff von Freiheit *gelangt? Es ist ein großer Gedanke gewesen.*

[1789–1793]

Die Fliege, die nicht geklappt sein will, setzt sich am sichersten auf die Klappe selbst.

[1789–1793]

*Keine Klasse von Stümpern wird von den Menschen mit größe-
rer Nachsicht behandelt als die prophetischen. Wer sollte wohl
denken dass, da die Kalender tausendmal irren, da man weiß,
dass sie bloß aus dem Kopf hingeschrieben werden, allenfalls
nach einem Modell von einigen vorhergehenden Jahren und
doch glaubt man ihnen.*

[1789–1793]

*Es gibt für mich keine gehässigere Art Menschen, als die
welche glauben, dass sie bei jeder Gelegenheit ex officio witzig
sein müssten.*

[1789–1793]

*Sehr viele und vielleicht die meisten Menschen müssen, um
etwas zu finden, erst wissen, dass es da ist.*

[1789–1793]

Die Kosmographen werden freilich keine nordwestliche Durchfahrt finden, aber die Pelzhändler, man würde selbst in philosophischen Dingen sehr viel weiter sein, wenn man die Untersuchungen so einrichten könnte, dass der Gewürz- und Pelzhandel dadurch befördert würde.

[1789–1793]

Es gibt sehr viele Menschen, die unglücklicher sind, als du, gewährt zwar kein Dach darunter zu wohnen, allein sich bei einem Schauer darunter zu retirieren ist das Sätzchen gut genug.

[1789–1793]

Vom Wahrsagen lässt sich's wohl leben in der Welt, aber nicht vom Wahrheit-Sagen.

[1789–1793]

*Die Menschen, die erst die Vergebung der Sünden durch
lateinische Formeln erfunden haben, sind an dem größten
Verderben in der Welt schuld.*

[1789–1793]

*Herde sagte sehr schön (Ideen zur Philosophie der Geschichte
der Menschheit 2ᵗᵉʳ Teil IXᵗᵉˢ Buch Kapitel IV.): Man kann
es als einen Grundsatz der Geschichte annehmen, dass kein
Volk unterdrückt wird, als das sich unterdrücken lassen will.*

[1789–1793]

*Passabel auszudrücken, was andere Leute gedacht hatten, war
seine ganze Stärke.*

[1789–1793]

Wenn jemand in Cochinchina sagt doï (doji mich hungert), so laufen die Leute als wenn es brennte ihm etwas zu essen zu geben. In manchen Provinzen Deutschlands könnte ein Dürftiger sagen: mich hungert, und es würde gerade so viel helfen, als wenn er sagte doï.

[1789–1793]

Man gibt falsche Meinungen, die man von Menschen gefasst hat, nicht gern auf, sobald man sich dabei auf subtile Anwendung von Menschenkenntnis etwas zugute tun [zu] können für berechtigt hält, und glaubt solche Blicke in das Herz des Andern könnten nur gewisse Eingeweihte tun. – Es gibt daher wenige Fächer der menschlichen Erkenntnis, worin das Halbwissen größeren Schaden tun kann, als dieses Fach.

[1789–1793]

126

Es fehlt nicht viel, so ordnet man die Menschen in Rücksicht auf Geistesfähigkeiten, so wie die Mineralien nach ihrer Här-te, oder eigentlich nach der Gabe die eines besitzt, das andere zu schneiden und zu kratzen.

[1789–1793]

Wenn man auch nicht aus einem Granitfelsen ein Haus hiebe, so könnte man ohne sehr viele Kosten vielleicht die Ruinen *eines Hauses daraus hauen: so dass die Nachwelt glauben müsste, es habe ein Palast da gestanden.*

[1789–1793]

Mein Körper ist derjenige Teil der Welt, den meine Gedanken verändern können. Sogar *eingebildete Krankheiten können wirkliche werden. In der übrigen Welt können meine Hypothesen, die Ordnung der Dinge nicht stören.*

[1789–1793]

[…] Ich halte auch hier einen geschnitzten Monarchen für den besten; geschnitzte Heiligen richten mehr aus als die beseelten. […]

[1793]

Es ist sonderbar, dass nur außerordentliche Menschen die Entdeckungen machen, die hernach so leicht und simpel scheinen, dieses setzt voraus dass die simpelsten aber wahren Verhältnisse der Dinge zu bemerken sehr tiefe Kenntnisse nötig sind.

[1789–1793]

Alles im Großen zu suchen was man im Kleinen beobachtet, und umgekehrt. Z. B. alles, was das Kind spricht und tut, tut gewiss auch der Mann in andern Dingen, worin er ein Kind ist und bleibt, denn wir sind doch nur Kinder von mehreren Jahren. Die Worte dieser Lehre sind sehr gemein, ein Mann

von Erfahrung wird ihnen aber gewiss den Sinn zu geben
wissen, denn ihnen beigelegt wissen will. Wir schlagen zwar
den Tisch nicht mehr, an dem wir uns stoßen, wir haben uns
aber für andere aber ähnliche Stöße das Wort Schicksal erfunden, das wir anzuklagen wissen.

[1789–1793]

Man muss etwas Neues machen um etwas Neues zu sehen.

[1789–1793]

Wenn ich doch Kanäle in meinem Kopfe ziehen könnte, um
den inländischen Handel zwischen meinem Gedankenvorrate
zu befördern! Aber da liegen sie zu Hunderten, ohne einander
zu nützen.

[1793]

*[…] Wir müssen nämlich auf Ursachen und Erklärungen
denken, weil ich gar kein anderes Mittel sehe uns ohne dieses
Bestreben in Tätigkeit zu erhalten. Jemand kann freilich
wochenlang auf die Jagd gehen und nichts schießen, aber so viel
ist gewiss, zu Hause würde er auch nichts geschossen haben
und zwar gewiss nichts, da er doch nur auf dem Felde die
Wahrscheinlichkeit für sich hat, so gering wie sie auch sein
mag. […]*

[1789–1793]

*Ich bin mehrmal wegen begangener Fehler getadelt worden, die
mein Tadler nicht Kraft und Witz genug hatte, zu begehen.*

[1793]

*Ehe man tadelt, sollte man immer erst versuchen, ob man
nicht entschuldigen kann.*

[1793]

Wenn auch meine Philosophie nicht hinreicht, etwas Neues auszufinden, so hat sie doch Herz genug, das längst Geglaubte für unausgemacht zu halten.

[1793]

Es gibt Wahrheiten, die so ziemlich herausgeputzt einhergehen, dass man sie für Lügen halten sollte, und die nichtsdestoweniger reine Wahrheiten sind.

[1793]

Wovon das Herz nicht voll ist, davon geht der Mund über, habe ich öfters wahr gefunden, als den entgegengesetzten Satz.

[1793]

Je größer der Mann ist, desto strafbarer ist er, wenn er Fehler anderer ausplaudert, die er erkennt. Wenn Gott die Heim-

lichkeiten der Menschen bekannt machte, so könnte die Welt
nicht bestehen. Es wäre, als wenn man die Gedanken anderer
sehen könnte. Wohl dem Menschen, der keinen Ausplauderer
hat, der ihm an Kenntnissen überlegen ist!

[1793]

Es gibt eine Menge kleiner moralischer Falschheiten, die man
übt, ohne zu glauben, dass es schädlich sei; so wie man etwa
aus ähnlicher Gleichgültigkeit gegen seine Gesundheit Tabak
raucht.

[1793]

Es kommt nicht darauf an, ob die Sonne in eines Monarchen
Staaten nicht untergeht, wie sich Spanien ehedem rühmte;
sondern was sie während ihres Laufes in diesen Staaten zu
sehen bekommt.

[1793]

Ich kann freilich nicht sagen, ob es besser werden wird, wenn es anders wird; aber so viel kann ich sagen, es muss anders werden, wenn es gut werden soll.

[1793]

Ist es nicht sonderbar, dass man das Publikum, das uns lobt, immer für einen kompetenten Richter hält; aber sobald es uns tadelt, es für unfähig erklärt, über Werke des Geistes zu urteilen?

[1793]

Ein Mädchen, kaum zwölf Moden *alt.*

[1793]

In jeder Fakultät sollte wenigstens ein recht tüchtiger Mann sein. Wenn die Scharniere von gutem Metall sind, so kann das übrige von Holz sein.

[1793]

Wir leben in einer Welt, worin ein *Narr viele Narren, aber* ein *weiser Mann nur wenige Weise macht.*

[1793]

Man wirft oft den Großen vor, dass sie sehr viel Gutes hätten tun können, das sie nicht getan haben. Sie könnten antworten: Bedenkt einmal das Böse das wir hätten tun können und nicht *getan haben.*

[1796–1799]

*Eine der sonderbarsten Anwendungen, die der Mensch von
der Vernunft gemacht hat, ist wohl die es für ein Meisterstück
zu halten sie nicht zu gebrauchen, und so mit Flügeln geboren
sie abzuschneiden und so von dem ersten dem besten Kirch-
turm sich herabzulassen.- [...]*

[1796–1799]

*Ein etwas vorschnippischer Philosoph, ich glaube Hamlet
Prinz von Dänemark hat gesagt: es gebe eine Menge Dinge im
Himmel und auf der Erde, wovon nichts in unsern Compen-
diis steht. Hat der einfältige Mensch, der bekanntlich nicht
recht bei Trost war, damit auf unsere Compendia der Physik
gestichelt, so kann man ihm getrost antworten: gut, aber dafür
stehn auch wieder eine Menge von Dingen in unsern Compen-
diis wovon weder im Himmel noch auf der Erde etwas vor-
kömmt.*

[1796–1799]

135

*Vor einigen Tagen las ich wieder, dass ein Prediger im Lütti-
chischen, wo ich nicht irre, der 125 Jahre alt gestorben ist, von
dem Bischofe sei gefragt worden, wie er es angefangen habe so
alt zu werden. Ich habe mich, sagte er, des Weins, der Weiber
und des Zorns enthalten. Hier ist, wie mich dünkt, nur die
große Frage: wurde der Mann so alt, weil er sich jener Gifte
enthielt, oder weil [er] ein Temperament besaß, das es ihm
möglich machte sich jener Gifte zu enthalten? Ich glaube es ist
unmöglich nicht für das letzte zu stimmen. Dass sich mit
jenen Giften jemand das Leben verkürzen kann, und zwar
sehr stark, ist kein Beweis, dass man sich das Leben dadurch
verlängert, dass man sich ihrem Gebrauch entzieht. Wer das
Temperament nicht hat, würde, wenn er sich des andern Ge-
schlechts enthielte, gewiss sein Leben damit nicht verlängern.
Ebenso ist es mit der Sage, dass die wahren Christen immer
rechtschaffene Leute sind. Es hat lange rechtschaffene Menschen gegeben, ehe Christen waren, und gibt Gottlob! auch da
noch welche, wo keine Christen sind. Es wäre also gar wohl
möglich, dass die Leute gute Christen sind, weil das wahre*

Christentum das heischt, was sie auch ohne dasselbe würden geworden sein. Sokrates wäre gewiss ein sehr guter Christ geworden.

[1796–1799]

So viele Bildchen, dass man fast solchen Werkchen den Mode-titel für Leser und Nichtleser geben möchte. [...]

[1796–1799]

Natürlich! wer sich in der Welt über gar nicht wegzusetzen weiß, der kömmt eo ipso ganz unten hin zu liegen. Man muss sich notwendig über manches wegzusetzen wissen; man kommt natürlich immer höher.

[1796–1799]

Es wäre eine Frage ob die bloße Vernunft ohne das Herz je auf einen Gott verfallen wäre. Nachdem ihn das Herz (die Furcht) erkannt hatte suchte ihn die Vernunft auch, so wie Bürger die Gespenster.

[1796–1799]

Ist es nicht eine sonderbare Situation, in der sich die Seele befindet, wenn sie [eine] Untersuchung über ihr eigenes Selbst liest; also in Büchern sucht was sie selbst wohl sein möchte? Es hat einige Ähnlichkeit mit dem Hunde, dem man einen Knochen an den Schwanz gebunden hat, sagte Lion wahr, aber etwas unedel.

[1796–1799]

Kein Wort im Evangelio ist mehr in unsern Tagen befolgt worden, als das: Werdet wie die Kindlein.

[1796–1799]

Wenn er philosophiert, so wirft er gewöhnlich ein angenehmes Mondlicht über die Gegenstände, das im Ganzen gefällt, aber nicht einen einzigen Gegenstand deutlich zeigt.

[1796–1799]

Es ist ein Glück, dass die Gedanken-Leerheit keine solche Folge hat, wie die Luftleerheit, sonst würden manche Köpfe, die sich an die Lesung von Werken wagen, die sie nicht verstehen, zusammengedrückt werden.

[1796–1799]

Man spricht viel von Aufklärung, und wünscht mehr Licht. Mein Gott was hilft aber alles Licht, wenn die Leute entweder keine Augen haben, oder die, die sie haben, vorsätzlich verschließen?

[1796–1799]

139

Wenn man jung ist, so weiß man kaum dass man lebt. Das Gefühl von Gesundheit erwirbt man sich nur durch Krankheit. Dass uns die Erde anzieht merken wir wenn wir in die Höhe springen, durch Stoß beim Fallen. Wenn sich das Alter einstellt, so wird der Zustand der Krankheit eine Art von Gesundheit und man merkt nicht mehr, dass man krank ist. Bliebe die Erinnerung des Vergangenen nicht, so würde man die Änderung wenig merken. Ich glaube daher auch dass die Tiere auch nur in unsern Augen alt werden. Ein Eichhörnchen, das an seinem Sterbetag ein Auster-Leben führt, ist nicht unglücklicher als die Auster. Aber der Mensch der an drei Stellen lebt, im Vergangnen, im Gegenwärtigen und [in] der Zukunft, kann unglücklich sein, wenn eine von diesen dreien nichts taugt. Die Religion hat sogar noch eine vierte hinzugefügt, die – Ewigkeit.

[1796–1799]

Man sieht jetzt häufig Verordnungen, dass kein Kandidat zum Predigtamt gelassen werden soll, der nicht die (orientalischen) Grundsprachen studiert habe. Du gerechter Gott, und doch lässt man täglich Leute auf Thronen steigen und in das Ministerium, die nicht einmal die Muttersprache ihres Faches kennen!!

[1796–1799]

Wie viel in der Welt auf Vortrag ankömmt, kann man schon daraus sehen, dass Kaffee, aus Weingläsern getrunken, ein sehr elendes Getränke ist, oder Fleisch bei Tische mit der Schere geschnitten, oder gar, wie ich einmal gesehen habe, Butterbrot mit einem alten wiewohl sehr reinen Schermesser geschmiert.

[1796–1799]

141

*Dass so mancher die Wahrheit sucht und nicht findet rührt
wohl daher, dass die Wege zur Wahrheit, wie die in den
Nogaischen Steppen von einem Ort zum andern, ebenso breit
als lang sind.*

[1796–1799]

*Er schliff immer an sich, und wurde am Ende stumpf, ehe er
scharf war.*

[1796–1799]

*Es ist in vielen Dingen eine schlimme Sache um die Gewohn-
heit. Sie macht, dass man Unrecht für Recht, und Irrtum für
Wahrheit hält.*

[1796–1799]

*Ein großes Licht war der Mann eben nicht, aber ein großer
(bequemer) Leuchter. Er handelt mit anderer Leute Meinungen.*

[1796–1799]

*Ich glaube der Mensch ist am Ende ein so freies Wesen, dass
ihm das Recht zu sein was er glaubt zu sein nicht streitig
gemacht werden kann.*

[1796–1799]

*Ist es nicht sonderbar, dass die Menschen so gerne für die
Religion fechten, und so ungerne nach ihren Vorschriften
leben?*

[1796–1799]

Sollte es denn so ganz ausgemacht sein, dass unsere Vernunft von dem Übersinnlichen gar nichts wissen könne? Sollte nicht der Mensch seine Ideen von Gott ebenso zweckmäßig weben können, wie die Spinne ihr Netz zum Fliegenfang? Oder mit andern Worten: sollte es nicht Wesen geben, die uns wegen unsrer Ideen von Gott und Unsterblichkeit ebenso bewunderten wie wir die Spinne und den Seidenwurm?

[1796–1799]

Jetzt setzen sich unsere besten Köpfe hin auszumachen was Aristoteles gelehrt hat, und der Streit zwischen Geist und Geist wird ein erbärmliches Gezänk zwischen Philosophie und Grammatik. Was soll dieses? Wahrlich man schändet die menschliche Natur, wenn man glaubt, um zu meinen *müsse man wissen, was ein anderer* gemeint *hat.[…]*

[1796–1799]

*Ein großer Fehler bei meinem Studieren in der Jugend war,
dass ich den Plan zum Gebäude zu groß anlegte. Die Folge
war, dass ich die obere Etage nicht ausbauen konnte, ja ich
konnte nicht einmal das Dach zubringen. Am Ende sah ich
mich genötigt, mich mit ein paar Dachstübchen zu begnügen,
die ich so ziemlich ausbaute, aber verhindern konnte ich doch
nicht, dass es mir bei schlimmem Wetter nicht hinein regnete.
So geht es gar manchen!*

[undatiert]

*Wenn ich ehedem in meinem Kopfe nach Gedanken oder
Einfällen fischte, so fing ich immer etwas; jetzt kommen die
Fische nicht mehr so. Sie fangen an sich auf dem Grunde zu
versteinern, und ich muss sich heraushauen. Zuweilen bekom-
me ich sie auch nur stückweise heraus, wie die Versteinerun-
gen vom Monte Bolca, und flicke daraus etwas zusammen.*

[undatiert]

145

*Die gemeinsten Menschen, ob sie's gleich nicht der Mühe wert
achten, niederzuschreiben, was sie sehen, sehen und fühlen
doch alles, was des Niederschreibens wert gewesen wäre, und
der Unterschied zwischen dem Pöbel und dem Gelehrten besteht oft bloß in einer Art von Apperzeption oder in der
Kunst, zu Buch zu bringen.*

[undatiert]

*Auch selbst den weisesten unter den Menschen sind die Leute,
die Geld bringen, mehr willkommen, als die, die welches holen.*

[undatiert]

*Zweifle an allem wenigstens ein Mal, und wäre es auch der
Satz: zweimal 2 ist 4.*

[undatiert]

Georg Christoph Lichtenberg
geboren am 1. Juli 1742 in Ober-Ramstadt,
gewirkt und
am 24. Februar 1799 gestorben in Göttingen

Bei längerem Aufklären tritt strichweise Vernunft auf

Eindruck, den Georg Christoph Lichtenberg auf mich gemacht hat:

Einer, der kleinwüchsig hervorragte.

Einer, der mehr wissen wollte, damit er nicht so viel glauben musste.

Einer, der den Menschen Mensch sein ließ, in seinen Neigungen genauso wie in seinen Verantwortungen.

Einer, der Licht in die hinteren Blickwinkel bringen konnte.

Einer, der Mathematik, Physik und Mitmenschen, sich selbst als solchen nicht ausnehmend, erforschte.

Einer, der schrieb, wie ihm die Finger gewachsen waren.

Einer, der auf eine zeitlose, universelle Weltordnung vertraute, durchaus offenbart im Wort Christi, vor allem aber im Menschen selbst, seinem Denken, Tun und Lassen, verankert.

Einer, der im Zweifel zum Zweifeln riet.

Einer, der rachitisch und kränkelnd das Leben zeichnete.

Einer, der als Wissenschaffer auch ein Staunenmacher sein wollte.

Einer, der selbst nichts selbstverständlich verstand.

Einer, der das Fernglas manches Mal umdrehte, um in der Weite etwas im Detail zu erkennen.

Einer, der Theorien versuchen wollte.

Einer, der selbst dachte, um nicht bloß bedacht zu werden.

Einer, der kaum eine Torheit zu bekämpfen ausließ.

Einer, der stets gerne skeptisch blieb.

Einer, der durchaus hätte feststellen können, dass auch das Schienbein gegen den Fuß getreten haben könnte.

Einer, dem die Taugenichtse den Buckel runterrutschen konnten – hinten und vorne.

Einer, dem man kein + mehr für ein - vormachen konnte.

Einer, der menschliche Merkwürdigkeiten wie Briefmarken sammelte, dabei weder die profanen noch die bizarren aussonderte, sie durchaus auch ein wenig zu sortieren und einzuordnen wusste, vor allem aber auch Gefallen daran hatte, durch die Kuriositäten zu blättern.

Einer, der nicht vom Äußeren, sondern von Äußerungen aufs Innere schloss.

Einen, den das aufziehende Stürmen nicht drängte.

Einer, der für die Sache den Witz suchte.

Einer, der Wörter-Weltbürger war.

Einer, der sein Spiegelbild nutzte, um die eigenen Stellungen aufzuklären.

Einer, der aber zugleich auch gerne den Spiegelhalter gab für seine narzisstischen Kollegen.

Einer der von Nietzsche verehrt wurde, den Mann fleißig an- und unterstrichen hatte und der bei Freud schriftlich auf der Couch lag.

Einer, der auch hinter aufgemalte Fenster sehen wollte.

Einer, dem in seinen Beobachtungen und Beschreibungen auch die Tiefen nicht verborgen blieben, und seien es die Tiefen eines Dekolletés gewesen.

Einer, der Prinzipien nur verachtete, wenn sie hoch
zu Ross daherkamen.

Einer, der in seinen Wissenschaften manches Mal
wohl ein besserer Errater als Erforscher gewesen
war, was seinen Ruhm, aber keineswegs sein Ansehen schmälerte.

Einer, dem nichts zu hohl war, es auszuloten.

Einer, der die Täuschungen der Sprache nur zu gut
kannte, um ihnen zu entsagen.

Einer, der verstanden werden wollte.

Ein Wissenschaftler.
Ein Literat.
Ein Satiriker.
Ein Philosoph.
Ein Aufklärer.

Gerd Maas
Söchtenau/Schönhausen, November 2012

Anregungen zur Vertiefung

Lichtenberg, Georg Christoph: *Sudelbücher*
Herausgegeben und mit einem anschaulichen Nach-
wort versehen von Franz H. Mautner
Frankfurt am Main, 1984

Waal, Frans de: *Das Prinzip Empathie. Was wir von der
Natur für eine bessere Gesellschaft lernen können*
München, 2011

Aristotels: *Nikomachische Ethik*
Griechenland im 4. Jahrhundert vor Christus

Kirchhof, Paul: *Deutschland im Schuldensog: Der Weg
vom Bürgen zurück zum Bürger*
München, 2012

Gauck, Joachim: *Freiheit: Ein Plädoyer*
München, 2012

Maas, Gerd: *Dekadenz. Und wider die Dekadenz: Eine neue Anstrengung für Deutschland*
Norderstedt, 2009

www.gerd-maas.de: *Neues aus Absurdistan*